O selo DIALÓGICA da Editora InterSaberes faz referência às publicações que privilegiam uma linguagem na qual o autor dialoga com o leitor por meio de recursos textuais e visuais, o que torna o conteúdo muito mais dinâmico. São livros que criam um ambiente de interação com o leitor – seu universo cultural, social e de elaboração de conhecimentos –, possibilitando um real processo de interlocução para que a comunicação se efetive.

Fundamentos históricos, teóricos e metodológicos do Serviço Social: das origens aos dias atuais

Márcia Oliveira Alves

Conselho editorial
Dr. Ivo José Both (presidente)
Drª Elena Godoy
Dr. Nelson Luís Dias
Dr. Neri dos Santos
Dr. Ulf Gregor Baranow

Editora-chefe
Lindsay Azambuja

Supervisora editorial
Ariadne Nunes Wenger

Analista editorial
Ariel Martins

Projeto gráfico e capa
Laís Galvão dos Santos

Diagramação
Andreia Rasmussen

Iconografia
Regina Claudia Cruz Prestes

Dados Internacionais de Catalogação na Publicação (CIP)
(Câmara Brasileira do Livro, SP, Brasil)

Alves, Márcia Oliveira
   Fundamentos históricos, teóricos e metodológicos do Serviço Social: das origens aos dias atuais/Márcia Alves Oliveira. Curitiba: InterSaberes, 2017. (Série Metodologia do Serviço Social)

   Bibliografia.
   ISBN 978-85-5972-326-7

   1. Assistentes sociais 2. Serviço social 3. Serviço social – História 4. Serviço Social como profissão I. Título. II. Série.

17-01462   CDU-361.3

Índices para catálogo sistemático:
1. Serviço social 361.3

1ª edição, 2017.
Foi feito o depósito legal.

Informamos que é de inteira responsabilidade da autora a emissão de conceitos.
Nenhuma parte desta publicação poderá ser reproduzida por qualquer meio ou forma sem a prévia autorização da Editora InterSaberes.
A violação dos direitos autorais é crime estabelecido na Lei n. 9.610/1998 e punido pelo art. 184 do Código Penal.

Rua Clara Vendramin, 58 ▪ Mossunguê ▪ CEP 81200-170 ▪ Curitiba ▪ PR ▪ Brasil
Fone: (41) 2106-4170 ▪ www.intersaberes.com ▪ editora@editorainterSaberes.com.br

Sumário

Apresentação | 7
Como aproveitar ao máximo este livro | 10

1. **A dinâmica sociopolítica e econômica brasileira nos dias atuais | 15**
    1.1 A discussão da questão social na contemporaneidade | 17
    1.2 Serviço Social, questão social e respostas da política social | 19
    1.3 Mundialização da economia, capital financeiro e seus embates na questão social | 29
    1.4 Pobreza e exclusão social | 36

2. **Serviço Social na contemporaneidade: dos movimentos de ruptura aos desafios do cotidiano na atualidade | 49**
    2.1 O movimento de ruptura no Serviço Social: Brasil e América Latina em destaque | 53
    2.2 O Serviço Social e o embate com o conservadorismo: seminários de Araxá, Teresópolis, Sumaré e Alto da Boa Vista | 58
    2.3 Conquistas e limites do movimento de ruptura no Serviço Social: do Movimento de Reconceituação às perspectivas contemporâneas | 69
    2.4 O Projeto Ético-Político da profissão: desafios e perspectivas contemporâneas | 74

3. **A prática profissional do Serviço Social na contemporaneidade | 87**
    3.1 A prática profissional do assistente social e suas implicações no processo formativo | 90
    3.2 Política social como espaço de intervenção do assistente social | 94

3.3 A intervenção do assistente social na política social | 99
3.4 Dimensões constitutivas do espaço profissional nas políticas sociais | 107

4. **Principais correntes teórico-metodológicas do Serviço Social e as influências na intervenção profissional do assistente social | 117**
4.1 Tendências teórico-metodológicas no Serviço Social: notas introdutórias | 122
4.2 Serviço Social e intervenção profissional do assistente social: desafios da contemporaneidade | 130
4.3 A relação sujeito-objeto e seus rebatimentos na prática profissional do assistente social | 137
4.4 A natureza investigativa, o significado do conhecimento e a importância da apreensão do conhecimento teórico--crítico para a prática profissional do assistente social | 141

Estudo de caso | 149
Para concluir... | 153
Referências | 155
Respostas | 165
Sobre a autora | 179

Apresentação

Apresentamos nesta obra o processo de desenvolvimento do Serviço Social, desde seu surgimento aos dias atuais, passando pelos efervescentes debates realizados nesse percurso, da era conservadora ao Projeto Ético-Político Profissional de Serviço Social. Nosso objetivo é auxiliá-lo a apreender os fundamentos históricos, teóricos e metodológicos da profissão.

Uma de nossas principais preocupações neste livro é apresentar aos profissionais do Serviço Social o objeto de seu trabalho, ou seja, a questão social e suas múltiplas expressões, visto que decifrar a realidade social é um dos maiores desafios dessa área.

Nesse sentido, no Capítulo 1 apresentamos o debate empreendido sobre as possibilidades de resposta à questão social presente na realidade social. Nosso objetivo nesse ponto é demonstrar como essa questão está intimamente ligada ao capitalismo e como seu avanço está condicionado ao estágio monopolista desse sistema econômico. Também procuramos apresentar as possibilidades de rebeldia que a questão social incorpora, bem como defender a necessidade de captá-la e percebê-la, a fim de convertê-la em projetos alternativos de resistência.

No Capítulo 2, estabelecemos uma discussão acerca do processo de renovação do Serviço Social na contemporaneidade, marcado por várias fases e pelo envolvimento da categoria profissional na busca pela reformulação, seja pela via de debates coletivos, seja pela organização de eventos e seminários que discutam a teorização do Serviço Social, com a finalidade de redefinir suas formas de ação e reflexão acerca da realidade social. Assim, pretendemos contribuir para a compreensão do processo histórico do Serviço Social, da busca da categoria pela legitimação profissional e do Projeto Ético-Político da Profissão e sua materialização no cotidiano.

No Capítulo 3, buscamos discutir o fazer profissional do assistente social e sua capacidade de transformar conhecimentos em respostas para o enfrentamento das expressões da questão social. Também procuramos demonstrar que a prática do assistente social é vista como atividade caracterizada por um processo de trabalho historicamente construído e socialmente determinado – numa lógica que incide nas formas de consciência social, tomadas por meio das mudanças ocorridas nas condições materiais de produção – e que verifica a atuação do assistente social de forma rígida e significativa na defesa da política social, em cuja intervenção tem utilizado a perspectiva socioeducativa como ferramenta viabilizadora do protagonismo dos usuários, objetivando ampliar as possibilidades de acesso a direitos sociais.

No Capítulo 4, analisamos o significado da profissão, bem como seus compromissos, princípios e valores, os quais estão diretamente relacionados às causas da classe trabalhadora. Também, elencamos as matrizes teórico-filosóficas utilizadas pela profissão no decorrer de seu processo histórico, especialmente a partir de 1993, com a publicização do Código de Ética do Assistente Social e do Projeto Ético-Político da Profissão. Esses determinantes têm levado notadamente o Serviço Social a desbravar novos rumos, desde o período da ditadura militar até os desafios impostos na atualidade, numa lógica de defesa intransigente de seus compromissos e valores: liberdade, equidade, justiça social, direitos humanos, pluralismo etc. Logo, trata-se de uma profissão amplamente comprometida com uma sociedade livre de toda e qualquer forma de opressão e desigualdade.

Como aproveitar ao máximo este livro

Este livro traz alguns recursos que visam enriquecer seu aprendizado, facilitar a compreensão dos conteúdos e tornar a leitura mais dinâmica. São ferramentas projetadas de acordo com a natureza dos temas que vamos examinar. Veja a seguir como esses recursos se encontram distribuídos no decorrer desta obra.

Conteúdos do capítulo:

Logo na abertura do capítulo, você fica conhecendo os conteúdos que nele serão abordados.

Após o estudo deste capítulo, você será capaz de:

Você também é informado a respeito das competências que irá desenvolver e dos conhecimentos que irá adquirir com o estudo do capítulo.

na cidade de São Paulo em 1979, e que ficou conhecido como o *Congresso da Virada*. Esse evento propiciou a inauguração de um novo panorama da profissão e de seus compromissos com a sociedade, sobretudo com relação à defesa da classe trabalhadora. Assim, na seção seguinte, trataremos sobre esse momento exponencial do Serviço Social na realidade brasileira.

Questões para reflexão (IV)

1. Faça uma abordagem de pontos de questionamento ocorridos no Seminário de Sumaré.
2. O Seminário de Sumaré trouxe à tona questões que repercutiam no "fazer" profissional do assistente social. Destaque-as.
3. Destaque os elementos relevantes e os resultados do Seminário de Alto da Boa Vista.

2.3 Conquistas e limites do movimento de ruptura no Serviço Social: do Movimento de Reconceituação às perspectivas contemporâneas

Com o objetivo de caminharmos para as considerações acerca do movimento de ruptura no Serviço Social, convidamos você a revisitar o entendimento do conceito de *reconceituação* e *reconceituar*:

> Reconceituar significa "conceituar de novo", e isto supõe a existência de conceitos velhos ou que precisam ser revistos ou substituídos. De início, a reconceituação nasceu do desejo de superar o Serviço Social tradicional, que foi transplantado da Europa e dos Estados Unidos, e adequá-lo à realidade latino-americana. Realidade de um continente subdesenvolvido e dependente. (Aguiar, 1995, p. 120)

Questões para reflexão

Nesta seção, a proposta é levá-lo a refletir criticamente sobre alguns assuntos e a trocar ideias e experiências com seus pares.

2. No Brasil, a categoria profissional de assistentes sociais se encontra organizada e as diretrizes da atuação profissional, bem como seu projeto profissional, são amplamente perseguidas. Nesse sentido, faça uma pesquisa no texto estudado e aponte os órgãos de representação da profissão e seus papéis no cotidiano do Serviço Social.
Dica: Destaque os órgãos que representam a profissão. Faça uma pesquisa, acesse os *sites*!

Síntese

Apresentamos neste capítulo os movimentos empreendidos pela categoria profissional em busca de atualização de sua teoria e metodologia. O processo de ruptura que a profissão desenhou durante o então chamado *Movimento de Reconceituação* traz a intenção dos profissionais, envolvidos com a causa da classe trabalhadora e dos sujeitos que a compõem, de buscar novos rumos para a atuação profissional e o processo de trabalho do assistente social. Não cabe aqui defendermos que o referido processo de ruptura, contido no evento anteriormente citado, deu conta de romper com todos os ditames conservadores da época, mas devemos destacar que ele plantou um germe que frutificaria no período posterior. Trocando em miúdos, os seminários ocorridos na década de 1970 não foram suficientes para edificar um processo de rompimento com o conservadorismo, os privilégios e as tendências parciais no âmbito político, econômico e financeiro, mas foram capazes de lançar luzes a uma realidade que requeria mudanças substanciais. Assim, os seminários de Araxá, Teresópolis, Sumaré e Alto da Boa Vista propiciaram a aglutinação de profissionais para que, juntos, pudessem empreender debates acerca da teoria e da metodologia do Serviço Social – logo, de seu processo de trabalho. Acresce-se como fonte inspiradora o Congresso da Virada, que trouxe, efetivamente, as efervescências dos debates da vanguarda da categoria profissional. Assim, nos anos 1990, a categoria profissional tornou públicos seus princípios e valores, que foram marcadamente defendidos, ou seja,

Síntese

Você dispõe, ao final do capítulo, de uma síntese que traz os principais conceitos nele abordados.

à não compreensão de seus direitos, à ausência de crítica social, a um contexto em que o direito é transformado em favor, o que causa dependência de determinados segmentos da sociedade, que, no limite, estão destituídos do usufruto dos direitos sociais aos quais têm direito.

Para saber mais

BÓGUS, L.; YAZBEK, M. C.; BELFIORE-WANDERLEY, M. (Org.). **Desigualdade e a questão social**. 2. ed. rev. ampl. São Paulo: Educ, 2007.

Esse trabalho detalha as armadilhas da questão social, a questão social no contexto da globalização, os enigmas do social e as transformações da questão social, na perspectiva de vários autores do Serviço Social.

IAMAMOTO, M. V. **Serviço social em tempo de capital fetiche**: capital financeiro, trabalho e questão social. São Paulo: Cortez, 2005.

A obra tem como objetivo apresentar elementos de análise do trabalho do assistente social no tempo do capital fetiche. Para um entendimento ampliado, ela foi dividida em duas partes, sendo a primeira dedicada à compreensão da mundialização da economia, a relação entre o capital financeiro e a questão social, o significado da questão social na teoria social crítica, as particularidades da formação histórica brasileira e sua relação com a questão social, o debate internacional sobre o tema e as estratégias de enfrentamento a ele; já a segunda parte é destinada à análise do Serviço Social e da sociabilidade com foco no processo de trabalho, a relação entre trabalho e indivíduo social, a forma histórica e a individualidade social na sociedade burguesa, a relação entre processos capitalistas de trabalho e indivíduo social e a relação entre classe e cultura.

Para saber mais

Você pode consultar as obras indicadas nesta seção para aprofundar sua aprendizagem.

MONTAÑO, C. Pobreza, "questão social" e seu enfrentamento. **Serviço Social & Sociedade**, São Paulo, n. 110, abr./jun. 2012. Disponível em: <www.scielo.br/scielo.php?pid=S0101-66282012000200004&script=sci_arttext>. Acesso em: 13 abr. 2017.

Nesse artigo, você poderá entender as diferentes concepções de pobreza e "questão social", bem como suas formas de enfrentamento no contexto do liberalismo clássico, do keynesiano e do neoliberalismo. O texto oferece uma reflexão sobre aspectos histórico-críticos de pobreza e da "questão social" e problematiza a luta contra a desigualdade social por meio de políticas compensatórias.

Questões para revisão

Com estas atividades, você tem a possibilidade de rever os principais conceitos analisados. Ao final do livro, a autora disponibiliza as respostas às questões, a fim de que você possa verificar como está a sua aprendizagem.

Questões para revisão

1. Leia as afirmativas a seguir sobre as características do neoliberalismo e, a seguir, assinale a alternativa que apresenta a resposta correta:
   I. A ideologia neoliberal busca uma lógica que acarreta a naturalização da questão social.
   II. A ideologia neoliberal culpabiliza as pessoas por sua condição de pobreza.
   III. A ideologia neoliberal busca um estado protetor, mas responsabiliza as pessoas por sua situação de miséria e pobreza.
   IV. A ideologia neoliberal compreende a desigualdade social como mera fatalidade, quase natural.
   a) I, II e IV estão corretas.
   b) I, III e IV estão corretas.
   c) II e IV estão corretas.
   d) III e IV estão corretas.
   e) I, III, e IV estão corretas.

Estudo de caso

Estudo de caso

Esta seção traz ao seu conhecimento situações que vão aproximar os conteúdos estudados de sua prática profissional.

Caso Cláudia[1]

Cláudia vivia só nas ruas, praticamente sem contato com sua família; não possuía qualquer documento e dormia em uma calçada – às vezes com a companhia de outro morador de rua [...] Olívia contou que Cláudia já foi até atropelada, pois, quando em crise, saía correndo no meio da rua, sem se preocupar com o fluxo de carros na via local. Além disso, por vezes, Cláudia

---

[1] O caso relatado encontra-se em: ALBUQUERQUE, C. M. C. **Loucos nas ruas**: um estudo sobre o atendimento à população de rua adulta em sofrimento psíquico na cidade do Recife. 2009. 136 f. Dissertação (Mestrado em Psicologia) – Universidade Federal de Pernambuco, Recife, 2009. p. 74-76.

CAPÍTULO 1

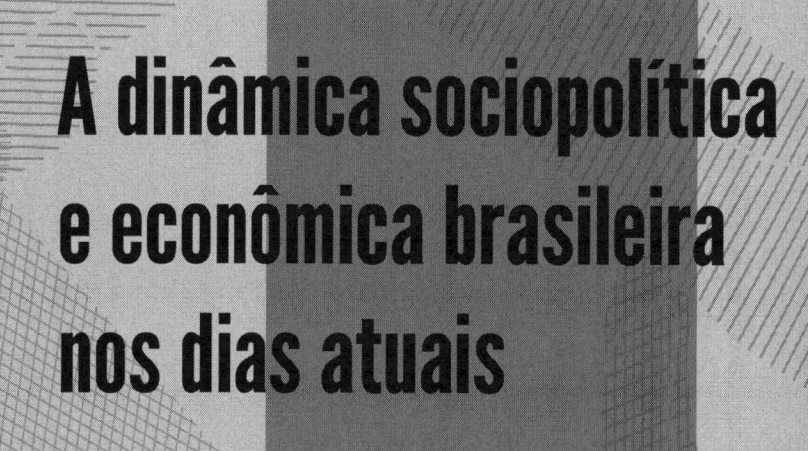

A dinâmica sociopolítica e econômica brasileira nos dias atuais

Conteúdos do capítulo:

- Dinâmica sociopolítica e econômica da realidade brasileira na atualidade.
- A questão social como objeto do Serviço Social.
- Aspectos relevantes da financeirização e da mundialização da economia.
- Pobreza e exclusão social.

Após o estudo deste capítulo, você será capaz de:

1. explicar a dinâmica da sociedade de classes e seus rebatimentos no contexto histórico da profissão;
2. reconhecer a importância do debate econômico na sociedade de classes, marcada pela presença do capital e por suas determinações;
3. compreender o Serviço Social e os desafios impostos pela sociedade de mercado;
4. identificar a questão social e suas expressões no cotidiano da sociedade e do assistente social.

É de suma importância, neste ponto do texto, apresentar as novas manifestações e configurações da questão social, expressas pelo trabalho precário e pela punição daqueles que dele vivem.

Entendemos ser relevante trazer para esta discussão algumas considerações sobre o processo de mundialização da economia e seus reflexos no processo de trabalho no cotidiano do profissional de Serviço Social e de seus sujeitos demandatários.

Contemporaneamente, decifrar a realidade social constitui-se o maior desafio do assistente social, sendo importante levar em conta a apreensão dos determinantes da pobreza e da exclusão, que não devem ser vistos de forma homogênea. Dessa forma, este capítulo tem como proposta levar você a compreender a questão social e suas múltiplas expressões na vida dos usuários do Serviço Social.

1.1 A discussão da questão social na contemporaneidade

Temos, nesta seção, a tarefa de apresentar as novas manifestações e configurações da questão social, expressas pelo trabalho precário e pela punição daqueles que dele vivem.

Discutiremos, aqui, como se dá a leitura do objetivo do Serviço Social, que tem a questão social como seu objeto. Nesse sentido, o grande desafio profissional que se estabelece à categoria é transformar essa realidade carregada de contradições sociais, de desigualdades intensas e de exploração daquele que vive do trabalho, que está, muitas vezes, à margem, em um processo de exclusão.

Na contemporaneidade, o profissional de Serviço Social deve estar atento, por meio de uma leitura crítica, às demandas postas pela dinâmica da realidade. Cabe, também, destacarmos que a capacidade do profissional de construir propostas criativas está intimamente ligada à sua capacidade de leitura crítica da realidade social (Iamamoto, 2000).

Não podemos esquecer que a realidade social, capitalista madura, impõe limites ao assistente social ao exigir enfrentamento por parte do seu processo de trabalho. Nessa lógica, de acordo com Iamamoto (2000, p. 21), "sempre existe um campo para a ação dos sujeitos, para a proposição de alternativas criadoras, inventivas e resultantes da proposição das possibilidades e contradições presentes nas próprias dinâmicas da vida social".

É importante compreendermos que a ausência da leitura crítica da realidade social pode levar os profissionais a práticas imediatistas, a verem a realidade como algo já posto, de modo que nada pode ser feito para mudá-la. Iamamoto (2000, p. 22) nos fala da importância de evitar o que ela chama de *messianismo profissional*, ou seja, "uma visão heroica do Serviço Social que reforça unilateralmente a subjetividade dos sujeitos, a sua vontade política sem confrontá-la com as possibilidades e limites da realidade social". Assim, responder a tais demandas

> exige uma ruptura com a atividade burocrática e rotineira, que reduz o trabalho do assistente social a mero emprego, como se esse se limitasse ao cumprimento burocrático de horário, à realização de um leque de tarefas, as mais diversas, ao cumprimento de atividades preestabelecidas. Já o exercício da profissão é mais do que isso. É uma ação de um sujeito profissional que tem competência para propor, para negociar com a instituição os seus projetos, para defender o seu campo de trabalho, suas qualificações e funções profissionais. Requer movimento da realidade para detectar tendências e possibilidades nela presentes passíveis de serem impulsionadas pelo profissional. (Iamamoto, 2000, p. 21)

Dialogando com a autora, podemos inferir que o assistente social precisa romper com ações burocráticas de cumprimento de tarefas para assumir uma postura propositiva e criadora. Nessa ótica, o profissional precisa estar apto a buscar as possibilidades presentes na própria realidade e deve compreender que as respostas não são automáticas, mas que elas irão aparecer pela leitura crítica da realidade, o que o levará às possíveis soluções, bem como à construção de projetos de transformação da realidade social dos usuários do Serviço Social. Trocando em miúdos: as respostas às demandas impostas pelas contradições da realidade são concebidas no cotidiano profissional, com base no conhecimento dessa realidade para além de sua aparência, considerando suas reais causas, por meio de uma análise profunda e tensa, considerando as várias contradições dos processos e projetos que convivem em sociedade.

> **Questões para reflexão (I)**
>
> 1. **Apresente um elemento importante para a ação propositiva e criativa do assistente social.**
>   **Dica:** Lembre-se da concepção da autora Marilda Iamamoto.
> 2. **Qual o maior desafio do assistente social na contemporaneidade?**
>   **Dica:** Esse desafio também pode ser visto como competência.

1.2 Serviço Social, questão social e respostas da política social

Sabemos que a institucionalização do Serviço Social no Brasil foi uma estratégia do Estado na busca do domínio da vida social. A respeito, sabe-se que o assistente social foi chamado "a administrar e gerir o conflito de classe, o que pressupõe, na sociedade brasileira, a relação capital/trabalho" (Iamamoto, 2000, p. 23).

Aliados aos interesses do Estado estavam os interesses da Igreja Católica, de modo que a profissão de assistente social teve sua gênese no berço confessional, o que justifica o fato de as primeiras escolas de Serviço Social serem de origem católica.

Assim, a partir do momento em que teve origem no Brasil, a profissionalização foi utilizada como instrumento do Estado para buscar consenso da sociedade em defesa dos interesses do capital. Essa concepção foi sendo alterada à medida que a profissão passou a apropriar-se da teoria crítica; assim, contemporaneamente, o Serviço Social tem avançado na defesa e na efetivação de um projeto profissional, denominado *Projeto Ético-Político do Profissional do Serviço Social*[1]. Este se constitui no projeto hegemônico da categoria profissional e, dessa forma, ganha contornos de "norte profissional". Contudo, trataremos desse tema no Capítulo 2 deste livro; neste momento, faz-se necessária uma discussão da questão social como objeto da profissão.

Sobre o Serviço Social e a questão social, temos a destacar que esta última está intimamente ligada ao capitalismo e às formas de organização da sociedade capitalista, bem como à expansão da desigualdade social. Corroborando com esse entendimento, Iamamoto (2000, p. 26) afirma que a "questão social diz respeito ao conjunto das expressões das desigualdades sociais engendradas na sociedade capitalista madura, impensável sem a participação do Estado".

A questão social também pode ser interpretada como inflexão do processo de produções e reproduções sociais em determinado momento histórico, movimento que se apresenta articulado à totalidade concreta, ou seja, às condições de vida, à cultura e à produção de riquezas (Behring; Boschetti, 2006). A expressão foi criada no século XIX, na Europa Ocidental, inicialmente para designar o pauperismo latente no período que marcou a organização do capitalismo industrial. Para Netto (2005), a pobreza sempre existiu; no entanto, pela aglomeração das pessoas nos centros urbanos, tornou-se mais visível. Com o desenvolvimento urbano, as pessoas, em razão do trabalho nas indústrias, passaram a conviver mais próximas umas das outras, diferentemente do contexto de produção e de trabalho feudais.

Netto (2005) ainda oferece importantes definições, atribuindo historicidade às manifestações da questão social. Apreender a

---

1 Como você poderá verificar no Capítulo 3 desta obra, o Código de Ética Profissional de 1993 (CFESS, 2011), as diretrizes curriculares da ABEPSS (ABEPSS, 1996) e a lei de regulamentação da profissão do assistente social – Lei n. 8.662, de 7 de junho de 1993 (Brasil, 1993) representam a materialidade do Projeto Ético-Político Profissional.

historicidade da questão social significa compreender seu desenvolvimento histórico e social – condição de extrema importância para sua interpretação. Nessa mesma vertente, as autoras Behring e Boschetti (2006) acrescentam que as grandes expressões da questão social ocorreram no século XIX, representadas pelas lutas dos trabalhadores, que reivindicavam melhorias nas condições de trabalho. Verificamos, com base nos autores citados, que o surgimento da questão social é indissociável da sociedade capitalista. Dessa forma, para compreendermos a dimensão histórica de sua origem, é preciso também entendermos que ela está relacionada às desigualdades sociais produzidas pela sociedade capitalista. Logo, seu avanço está condicionado ao estágio monopolista do capitalismo e sua forma voraz de obtenção do lucro a todo custo, que alija a classe trabalhadora à exclusão e potencializa os reflexos da questão social.

A questão social incorpora também as possibilidades de rebeldia, ou seja, o cotidiano das pessoas pode motivá-las a se colocarem de forma contrária à dominação constituída por esse sistema pautado, por natureza, na desigualdade. Essa rebeldia que pode ser gerada pela questão social precisa ser captada e percebida, para que seja convertida em projetos alternativos de resistência. Para Iamamoto (2000), cabe a nós, assistentes sociais, compreender essas possibilidades que nos são oferecidas em decorrência de nossa atuação e, assim, buscar orientar esses projetos alternativos em prol da classe trabalhadora e das classes mais empobrecidas de nossa sociedade.

Além do fato de destacar que a questão social é composta por múltiplas formas ou expressões, sua respectiva definição a relaciona, como afirmamos anteriormente, ao desenvolvimento capitalista, especialmente ao capitalismo em sua fase monopolista. Vejamos, assim, os principais aspectos desse estágio de desenvolvimento do sistema capitalista que trouxe e traz incidências à configuração da questão social. Segundo Netto (2005, p. 19),

> o Capitalismo, no último quartel do século XIX, experimenta profundas modificações no seu andamento e na sua dinâmica econômica, com incidências necessárias na estrutura Social e nas Instâncias políticas das sociedades nacionais que envolvia.

A mudança apontada pelo autor refere-se à configuração do capitalismo, deixando para traz, fase industrial para fase atual, agora como monopolista. Nesse novo formato de produção – o monopólio –, busca-se "o acréscimo dos lucros capitalistas, através do controle dos mercados" (Netto, 2005, p. 20), ou seja, a progressiva eliminação da concorrência.

Desse modo, somente com o aporte do marxismo, ou do materialismo histórico dialético, é que a questão social passou a ser relacionada à sociedade capitalista. Podemos afirmar que a questão social pode ser compreendida como "o conjunto das expressões das desigualdades da sociedade capitalista madura, que tem uma raiz comum: a produção social é cada vez mais coletiva, o trabalho torna-se mais amplamente social, enquanto a apropriação dos seus frutos mantém-se privada, monopolizada por uma parte da sociedade" (Iamamoto, 2000, p. 27).

Várias definições podem ser extraídas das palavras anteriormente destacadas. A primeira delas é "conjunto das expressões", que nos leva a entender que há várias situações que os seres humanos, em sociedade, experimentam durante a vida e que trarão resultados negativos ou positivos. Vale lembrarmos que a questão social não pode ser reduzida à situação de pobreza – a pobreza é mais uma das manifestações/expressões da questão social, mas não a única.

Nessa lógica, podemos afirmar que as expressões da questão social podem repercutir na vida da "criança [...] [do] adolescente, [do] idoso, [assim como podem insidir em] situações de violência contra a mulher, a luta pela terra etc." (Iamamoto, 2000, p. 62), além de se apresentar em situações que "os indivíduos [...] experimentam no trabalho, na família, na área habitacional, na saúde, na assistência social pública etc." (Iamamoto, 2000, p. 28), ou seja, em suas vivências diárias.

Enfim, são muitas as expressões da questão social. Ela não é meramente um conceito banal, mas algo verdadeiro e que se manifesta no cotidiano dos seres humanos, na vida do trabalhador assalariado, nas situações de desigualdade, na violência urbana, no trabalho escravo, entre outras situações das quais muitas vezes só temos conhecimento quando as experimentamos na pele. Assim, somente com a aproximação das expressões/manifestações expostas na realidade é que se pode chegar à compreensão da totalidade da questão social.

Quando surgiu, a expressão *questão social* era utilizada para esconder os problemas sociais resultantes do desenvolvimento capitalista (como são vistos e sofridos hoje); nesse sentido, era usada pelo pensamento conservador. A gênese da questão social, a princípio, não foi associada ao desenvolvimento capitalista, mas vista como um fenômeno natural, que não podia ser alterado, ou mesmo como falta de caráter. De acordo com o sentido conservador anteriormente destacado, era necessário, para a superação da questão social, mudar o caráter dos que eram acometidos por ela (Netto, 2005). Nesse mesmo sentido, a questão social era entendida como fruto da responsabilidade dos sujeitos sociais, e não como produzida pelos reflexos do próprio sistema, equivalendo aos efeitos colaterais do processo capitalista de produção.

Os autores marxistas do Serviço Social (como Marilda Vilella Iamamoto, Raul de Carvalho, José Paulo Netto, Ivanete Boschette, Elaine Behring, Iolanda Guerra, entre outros) defendem que a questão social é única, visto que se trata do processo contraditório da relação capital e trabalho e que tem em seu fundamento o capitalismo.

Para outros autores, a questão social se apresenta de modos diferentes de acordo com o momento histórico e o país. Defendendo essa ideia, por exemplo, Wanderley (2007, p. 171) destaca que, se,

> na trajetória do capitalismo mundial, a questão social relevante na Europa girou em torno da questão operária, com incidência ainda que atenuada nos dias de hoje, minha hipótese é de que na América Latina ela se expressou de outro modo, recobrindo principalmente as questões indígenas, nacional, agrárias, operária, de gênero e ética.

Podemos verificar que, tomando como base as ideias das citações apresentadas anteriormente como independente das expressões da questão social na Europa e na América, sua gênese é a mesma, o que mudou foram apenas as formas de manifestação. Essas análises reforçam o entendimento de que não se tem uma "nova questão social", mas diferentes formas de compreendê-la: como "problema social", remetendo os sujeitos ao ajustamento e ao regramento social de acordo com o pensamento conservador; ou como mazela do capitalismo, em que os sujeitos são tomados como demandatários de políticas que os guarneçam de condições básicas de sobrevivência em sociedade.

Foi necessário certo tempo para que se atribuísse uma nova conceituação à questão social, a fim de que ela deixasse de ser vista como problema, como caso de polícia. Essa mudança aconteceu a partir do momento em que se compreendeu que a questão social era resultado das consequências negativas do sistema capitalista. Porém, essa reflexão não se estendeu a toda a população. Durante a década de 1970, a pobreza foi compreendida de forma incorreta, ou seja, interpretada como um fenômeno que afetava somente os países subdesenvolvidos – ou *emergentes*, utilizando um termo mais atual –, ou, por outro lado, como um novo fenômeno social (Netto, 2005).

Embora os reflexos ou efeitos da questão social tenham novas roupagens na atualidade, o que temos de diferente de fato são novas manifestações ou expressões da questão social. Portanto, ela permanece a mesma, ou seja, a "velha questão social". Para Iamamoto (2000; 2005) e Netto (2005), os assistentes sociais precisam ser capazes de entender elementos importantes referentes a essa afirmação:

1. existe uma lógica financeira do regime de acumulação que tem provocado recessões e crises mundiais;
2. a especialização flexível que ocupou o espaço fordista-taylorista é resultante da lógica capitalista de produção;
3. temos mudanças nas relações Estado-sociedade civil orientadas pela lógica neoliberal;
4. há forte presença da lógica produtiva e pragmática, caracterizada pela mentalidade individualista e utilitária que invade a esfera da sociabilidade em suas diferentes relações sociais;
5. a questão social, matéria-prima da profissão, manifesta-se nas desigualdades sociais, políticas, culturais, de gênero, entre outras, e atinge a vida de todos, sendo uma barreira para o acesso à cidadania, um boicote premente ao usufruto dos direitos sociais.

A questão social é indissociável da vida do trabalhador, aquele que vende sua força de trabalho como única forma de se apropriar dos meios necessários para a manutenção de si e de sua família. Nessa relação, o Estado tem atuado muito mais na defesa do mercado do que na do trabalhador. Assim, cada vez mais, a classe trabalhadora se encontra oprimida pelas determinações do mercado, somadas ao arrefecimento dos movimentos e das organizações de classe, cada vez mais enfraquecidos.

Sobre isso, Netto (2005, p. 26) traz uma importante reflexão: "Está claro que o Estado foi capturado pela lógica do capital monopolista – ele é o seu Estado: tendencialmente, o que se verifica é a integração orgânica entre os aparatos privados dos monopólios e as instituições estatais".

Ainda destacando esse enunciado, Netto (2005) vai além, afirmando que o Estado tem sua funcionalidade em prol do capital monopolista, sendo definido pelo autor como *comitê executivo da burguesia monopolista*. Em outras palavras, o Estado trabalha no sentido de oferecer condições necessárias para a acumulação e a ampliação do capital monopolista.

É nessa realidade que o assistente social atua, permeada e fortemente influenciada pela expressão da desigualdade social, econômica e política, mas que também é rebeldia e pode ser luta – ambas apresentadas pelo processo contraditório entre capital e trabalho. Não podemos nos esquecer de que foi esse processo contraditório, representado pelas lutas sociais, o responsável direto pelo rompimento da dominação privada nas relações de trabalho. O Serviço Social não ficou imune a esse processo, o que repercutiu diretamente no cotidiano do profissional da área.

Os profissionais de Serviço Social não têm outra opção senão trabalhar nessa relação de força da desigualdade, da rebeldia e da resistência, visto que essas tensões são próprias da vida em sociedade. Considerando essa premissa, é de suma importância que o assistente social esteja apto a decifrar a realidade, bem como as mediações da questão social. Conforme Iamamoto (2000, p. 28), "apreender a questão social é também captar as múltiplas formas de pressão social, de invenção e reinvenção da vida construídas no cotidiano, pois é no presente que estão sendo recriadas formas novas de viver, que apontam um futuro que está sendo germinado".

Assim, tais demandas deflagram a necessidade premente da formação continuada do profissional de Serviço Social, o que deve se traduzir em propostas que enfrentem os desafios impostos na contemporaneidade e, por consequência, em novas de formas de trazer à realidade proposições que dialoguem com a necessidade da população usuária e diminuam as demandas da questão. Quando se alcança esse nível, temos a transparência dos valores humanos, que estão, a cada dia, mais ocultos diante da mercantilização e do individualismo. Cabe acrescentarmos que o Serviço Social como profissão tem compromisso com a sociedade e, assim, com os sujeitos que a compõem; logo, está comprometido com a mudança da realidade por meio de seu processo de trabalho no cotidiano profissional.

1.2.1 Questão social e políticas públicas

Embora saibamos que a questão social é responsável pela discriminação e pela pobreza de um enorme contingente de homens e mulheres, as ações de enfrentamento têm se pautado em políticas públicas focalistas, seletivas e que, muitas vezes, culpabilizam essas pessoas pela situação em que se encontram, tratando das condições de vulnerabilidade e risco social de que padecem esses indivíduos por meio de ações que levam à retomada das arcaicas formas de tratar a pobreza – ou seja, formas violentas e autoritárias, como a polícia, os manicômios ou as prisões.

A maneira como o Estado trata a questão social está desarticulada de uma leitura crítica da relação capital/trabalho. O comportamento do Estado não poderia ser diferente, pois reconhecer a "questão social como problemática configurada de uma totalidade processual específica" significaria por em xeque a ordem burguesa (Netto, 2005, p. 32).

Nesses tempos de capitalismo predatório e avassalador da classe que vive do trabalho, há, por consequência, o acirramento da questão social e de suas expressões. Nesse sentido, uma das formas de conter as insatisfações da população é a repressão de suas necessidades, seja pela via de políticas públicas insuficientes e precárias no atendimento das demandas dos sujeitos, seja pela marginalização da pobreza e de seus protagonistas. Assim,

> onde há um evidente acirramento do capitalismo monopolista, as propostas imediatas para enfrentar a questão social têm utilizado estratégias de articulação pela via da assistência focalizada/repressão, com o reforço coercitivo do Estado, em detrimento da construção de consenso necessário ao regime democrático, o que é motivo de inquietação. (Iamamoto, 2005, p. 27)

Nesse sentido, a intervenção do Estado, no estágio monopolista do capitalismo, dá-se na organização e na dinâmica econômica de todas as formas, condição que é necessária para assegurar os elevados lucros dos monopólios, bem como os privilégios de grupos específicos e que compõem as elites financeiras, econômicas e, na mesma proporção, políticas. É visível, nessa relação, o poder econômico e político exercido pelo Estado, travestido pelos membros do governo, que têm em seu mandato a função de implementar ações para assegurar os diretos sociais do cidadão (Iamamoto, 2005).

Já no tocante à questão social, Netto (2005) aponta que o Estado só pode atuar sobre as sequelas da questão social por meio das políticas sociais. Para tanto, é necessário que as demandas das classes subalternas sejam capazes de despertar o interesse do Estado e que se transformem em demandas efetivas por meio das forças sociais. Considerando a pressão do capitalismo monopolista, sabemos que "esse processo é todo ele tensionado, não só pelas exigências da ordem monopólica, mas pelos conflitos que esta faz dimanar em toda a escala societária" (Netto, 2005, p. 28).

Para Netto (2005, p. 29-30),

> no capitalismo dos monopólios, tanto pelas características do novo ordenamento econômico quanto pela consolidação política do movimento operário e pelas necessidades de legitimação política do Estado burguês, a questão social como que se internaliza na ordem econômico-política: não é apenas o acrescido excedente que chega ao exército industrial de reserva que deve ter a sua manutenção socializada; não é somente

a preservação de um patamar aquisitivo mínimo para as categorias afastadas do mundo do consumo que se põe como imperiosa; não são apenas os mecanismos que devem ser criados para que se dê a distribuição, pelo conjunto da sociedade, dos ônus que asseguram os lucros monopolistas – é tudo isto que, caindo no âmbito das condições gerais para a produção capitalista monopolista (condições externas e internas, técnicas, econômicas e sociais), articula o enlace, já referido, das funções econômicas e políticas do Estado burguês capturado pelo capital monopolista, com a efetivação dessas funções se realizando ao mesmo tempo em que o Estado continua ocultando a sua essência de classe.

Sabemos que, no capitalismo concorrencial, o Estado defendeu a classe operária, pois naquele momento os movimentos da classe trabalhadora ameaçavam a ordem burguesa, colocando em risco a disponibilidade da mão de obra operária. Trata-se de um exemplo significativo de atendimento à classe trabalhadora, pois esta se colocou, de forma organizada, contra as determinações dos setores burgueses da sociedade (que aparecem sob a forma de degradação, segregação e miserabilidade) e pôs em risco os interesses desses setores.

Para Behring e Boschetti (2006, p. 51), as políticas sociais podem equivaler ao "desdobramento e até mesmo respostas e formas de enfrentamento – em geral setorializadas e fragmentadas – às expressões multifacetadas da questão social no capitalismo, cujo fundamento se encontra nas relações de exploração do capital sobre o trabalho".

Assim, é possível considerarmos que as políticas sociais, na contemporaneidade, têm assegurado o desenvolvimento capitalista, contexto em que o Estado assume um papel de mediador dos interesses contraditórios entre capital e trabalho, mas não confronta os interesses do capital financeiro; muito pelo contrário, compactua com as perversidades por ele promovidas e, assim, remete grande parte da classe que vive do trabalho e os vulneráveis sociais à situação de pauperismo, miséria e, sobretudo, ausência de direitos sociais conquistados social e historicamente por meio de lutas e movimentos sociais.

Para adentrarmos nessa discussão, de forma a trazer para a leitura novos entendimentos acerca da questão social, passaremos à abordagem de elementos que serão muito propícios ao debate e à apropriação do conteúdo proposto.

> **Questões para reflexão (II)**
>
> 1. **Que entendimento os assistentes sociais tinham antes da compreensão da questão social como resultado das mazelas capitalistas?**
>   **Dica**: Lembre-se de que estamos tratando do Serviço Social conservador.
> 2. **Como o Estado tem atuado nas expressões da questão social?**
>   **Dica**: Lembre-se que, nesse momento estamos tratando da contemporaneidade.

1.3 Mundialização da economia, capital financeiro e seus embates na questão social

Sabe-se que a mundialização da economia é resultado do processo de fusões e aquisições de empresas, ou seja, é a lógica assegurada pelos grupos industriais transnacionais, que assumem "formas cada vez mais concentradas e centralizadas do capital industrial e se encontram no centro da acumulação" (Iamamoto, 2005, p. 85).

No processo de mundialização da economia, as indústrias se associam às instituições financeiras e, assim, têm o domínio do conjunto da acumulação, que, dessa forma, passa a se configurar um modo específico de domínio social e político do capitalismo, em uma relação que tem o suporte dos Estados nacionais (Iamamoto, 2005).

De acordo com especialistas, o capitalismo se encontra em sua terceira fase, chamada de *financeirização do capital*. Nessa relação capitalista, temos os **monopólios** (comércio intracorporativo) e os **blocos supranacionais** (Netto; Braz, 2006).

Contudo, o capitalismo contemporâneo tem sido "propiciado pelos recursos informacionais, que garantem comunicações instantâneas entre agentes econômicos situados nos mais distantes rincões do planeta, esse processo tem suportes na gigantesca concentração do sistema bancário e financeiro" (Netto; Braz, 2006, p. 230). Nessa lógica, a financeirização tem, em sua essência, outras razões: a da superacumulação e a da queda nas taxas de lucros dos investimentos industriais ocorridos nas últimas décadas; nessa medida, segundo Netto e Braz (2006, p. 230), "o sistema capitalista é um sistema que prefere ficar sem produzir do que produzir sem lucro". Desse modo, os investidores financeiros institucionais,

> por meio das operações realizadas no mercado financeiro, tornam-se, na sobra, proprietários acionistas das empresas transnacionais e passam a atuar independentemente delas. Interferem no nível e no ritmo de investimentos das empresas – na criação de novas capacidades de produção e na extensão das relações sociais capitalistas voltadas à extração da mais-valia, na repartição de suas receitas e na definição das formas de emprego assalariado, na gestão da força de trabalho e no perfil do mercado de trabalho. (Iamamoto, 2005, p. 86)

Conforme podemos verificar nas análises feitas pelos autores citados, o processo de financeirização não é somente a preferência pelo investimento do capital em especulação financeira em detrimento da aplicação produtiva. Ela também esconde o poder do capital transnacional e daqueles que dominam o mercado de investimento financeiro, numa relação em que as finanças são vistas como autônomas pela sociedade – mas sabe-se que as finanças, por si só, nada podem criar.

Observamos que, nesse processo, aqueles que vivem da venda da sua força de trabalho passam por severas dificuldades de sobrevivência, em razão, entre outros fatores, da redução dos empregos, que somente a produção pode ofertar. Diferentemente das condições de escolha do assalariado, para a massa de capital, a forma "dinheiro" (lucro) é indispensável à sua dinâmica, pois essa massa tem sua remuneração por meio dos juros, sem nenhum compromisso com a produtividade.

Com o desenvolvimento do capitalismo, uma parcela de capitalistas (que detêm o poder político e financeiro) passou a lucrar exclusivamente do capital na forma monetária, os chamados *capitalistas rentistas*, "que não se responsabilizam por investimentos produtivos" (Netto; Braz, 2006, p. 231). Nessa relação, tem-se o chamado *capital fictício*, que consiste na titularidade sobre propriedade (valor). Nessa lógica, o fetichismo dos mercados financeiros, que apresenta as finanças como potências autônomas ante a sociedade, esconde o funcionamento e a dominação operados pelo capital transnacional e por investidores financeiros" (Iamamoto, 2005, p. 87).

É necessário destacarmos que a transferência de riqueza entre países, entre classes e entre categorias sociais tem suas bases no desemprego. Essa transferência leva à precariedade das relações de trabalho (muitas vezes escondida atrás da flexibilização) e ao desmonte da proteção social (Iamamoto, 2005).

Para Iamamoto (2005, p. 87-88), a desregulamentação

> iniciada na esfera financeira invade, paulatinamente, o conjunto do mercado de trabalho e todo o tecido social, na contratendência das manifestações do crescimento lento, e persiste ao longo dos anos noventa. A superprodução é sempre relativa e, longe de expressar um excedente absoluto da riqueza, é expressão de um regime de produção cujos fundamentos impõem limites à acumulação em razão dos mecanismos de distribuição da riqueza que lhes são próprios [...].

Não aprofundaremos esse debate nesta obra, mas é importante lembrarmos que a financeirização "só sobrevive com decisão política dos Estados e o suporte de políticas fiscais monetárias" (Iamamoto, 2005, p. 97). Na obra *Serviço social no tempo de capital fetiche*, Iamamoto (2005) deixa muito clara a importância de se compreender que as finanças estão sustentadas em dois braços e que ambos afetam diretamente a vida dos trabalhadores.

Os dois braços da financeirização, nas suas origens, podem ser descritos numa relação em que, de um lado, defende-se as privatizações, a mercantilização dos serviços e da legislação trabalhistas, e, do outro, tem-se a imposição dos empregadores (empresariado) para que os custos da produção sejam reduzidos em defesa da garantia de sua lucratividade, que tem se sustentado, principalmente, no enxugamento do chamado "fator trabalho" (Iamamoto, 2005).

Podemos afirmar que a financeirização atinge o cotidiano dos trabalhadores de forma direta, tendo como resultado a redução de postos de trabalho, que ocasiona o aumento do desemprego e dos trabalhos informais. A mercantilização, por sua vez, para alguns estudiosos que analisam esse tema do ponto de vista societário, é o reflexo de um "novo mundo", com novas mercadorias, novos hábitos e novos padrões.

Fica evidente que os interesses dos seguimentos financeiro e produtivo do capitalismo são absolutamente opostos, visto que os capitais que se valorizam na esfera financeira nascem na esfera produtiva, ou seja, são lucros não reinvestidos na produção; de forma contrária, os lucros são aplicados na esfera financeira, na busca de maior rentabilidade, desviando o que poderia estar sendo empregado na produtividade, o que geraria, em consequência, aumento de postos de trabalhos aos que estão excluídos do mercado (Iamamoto, 2005).

Os embates da mundialização da economia e da financeirização levam a novas configurações da questão social, na medida em que há predominância do capital fetiche e a consequente banalização do humano; assim, temos presentes a configuração do descartável e a indiferença perante o outro. "Nessa perspectiva, a questão social é mais do que a expressão da pobreza, miséria e exclusão" (Iamamoto, 2005, p. 89). O trabalhador, por sua vez, experimenta relações de disputa por postos de trabalho, de modo que a concorrência os remete a uma situação de competitividade, que ocasiona a fragilização dos processos de organização da classe trabalhadora.

Assim, é sabido que a banalização do humano pode levar à individualização (dinâmica que tem sido rotina da classe trabalhadora) e à subordinação ao capital-dinheiro e à mercadoria. Trata-se de uma subordinação ao desenvolvimento econômico, visto como sinônimo de *barbárie social*. Nessa perspectiva, podemos observar a naturalização da desigualdade social, condição que leva à indiferença ante o destino de homens e mulheres trabalhadores, os quais são abandonados, porquanto, são os sobrantes para o capital (Iamamoto, 2005).

1.3.1 Avanço capitalista e suas implicações nas relações de trabalho

O Estado brasileiro vive, atualmente, uma fase em que se coloca à disposição para se ajustar à forma atual de acumulação capitalista, que "traz, fundamentalmente, a reestruturação dos capitais e da intervenção do Estado – sob a batuta do capital financeiro e, do ponto de vista político, do ideário neoliberal – tendo como base a reestruturação produtiva e a destruição de direitos dos trabalhadores" (Marconsin; Santos, 2008, p. 175).

Estão presentes no contexto socieconômico brasileiro uma forte defesa do ideário neoliberal e um projeto que tem como base material a reestruturação produtiva. A implantação desse projeto no mundo globalizado ocorre desde meados dos anos 1970, iniciada com Margaret Thatcher (primeira-ministra da Inglaterra) e com outros governos de variadas matrizes políticas, como os chamados *social--democratas*. O modelo proposto por esses grupos, denominado *neoliberalista*, teve eco nos países capitalistas e, desde então, tem se propagado muito rapidamente, principalmente nos países capitalistas centrais, e, mesmo que de forma aparentemente mais amena, também atingiu, nos anos 1980, países não considerados capitalistas.

Pesquisadores afirmam que o neoliberalismo foi utilizado como alternativa para combater a crise do *welfare state* e teve início nos países ditos à época de *primeiro mundo*, sendo entendido como "a boa receita" para as demais nações.

O ideal neoliberal provoca mudanças nas formas de produção e atinge principalmente as grandes empresas industriais, que buscam maior competitividade no mercado globalizado, tendo como foco principal a redução dos custos de produção, fator que contribui para a criação de novas regras globais, as quais ultrapassam a produção e atingem expressivamente o mercado de trabalho (Alves, 2010).

É necessário levarmos em conta que o ápice do neoliberalismo se deu no mesmo momento em que a burguesia internacional considerou certa a vitória do capitalismo e a criação de um ambiente social em que não seria mais necessário "fazer concessões aos trabalhadores para evitar processos revolucionários" (Marconsin; Santos, 2008, p. 185).

O momento da vitória do capitalismo foi compreendido como a causa da falta de interesse da esquerda pela construção do caminho para o socialismo, situação que impactou fortemente no cotidiano da classe trabalhadora. Imediatamente, aqueles que tinham projetos societários socialistas, ou mesmo lideranças e compromissos com sindicatos e partidos políticos, trocaram essa posição por uma vida com segurança material (Alves, 2010).

Assim, conforme podemos observar, há um prejuízo evidente para a classe que vive do trabalho, pois "essa situação como um todo deixou os trabalhadores desarmados para enfrentar as novas condições objetivas e subjetivas postas pela fase da luta de classe que se abre" (Marconsin; Santos, 2008, p. 186).

O neoliberalismo, com suas formas de produção liberal, favorece a abertura das fronteiras, muitas vezes levando à instalação de grandes empresas em regiões fora de seu ponto de origem, até mesmo em outros países, o que acaba por fragilizar ainda mais a organização dos trabalhadores. A determinação da escolha do local de instalação de uma grande empresa pode estar associada às vantagens disponíveis para se produzir a custos mais baixos. Logo, a instalação de uma empresa em uma dada região ou país pode ser determinada pela oferta de mão de obra, pela isenção de impostos, por concessões e benefícios diretos ofertados pelo Poder Executivo local e, a destacar, pela prevalência do menor valor do piso salarial ao trabalhador.

Também é importante trazermos para esta discussão o entendimento que se tem de *empresa moderna*, ou seja, a empresa enxuta. Para alguns, ela é compreendida como *empresa racional*, com possibilidade de se desenvolver e ser mais competitiva, e, numa outra medida, pode transmitir a perspectiva de restrição (e até constrangimento). De toda forma, na contemporaneidade, o que se vislumbra, no limite, é a otimização do processo de trabalho do trabalhador pela expropriação de sua força pelo menor valor de remuneração.

De acordo com as análises de Alencar (2008), pesquisadora e assistente social, temos um novo olhar para o trabalho. Para o Serviço Social, essa atividade é entendida como elemento fundante do ser social. Entretanto, tem tomado formas de empreendimento econômico, não no sentido de integração da perspectiva de homogenização do desenvolvimento econômico, mas sim em um contexto que se mostra perverso para o trabalho e que põe por terra seus valores e sua proteção; trata-se de assistir ao desmonte de uma série de direitos trabalhistas amplamente conquistados pela via da luta e da resistência, mas que têm sido colocados como moeda de barganha às ameaças do desemprego.

Nessa medida, seja qual for a análise empreendida, resta-nos reconhecer que a classe trabalhadora vêm na atualidade seus direitos mais essenciais e seu sentimento de pertencimento social e humano saqueados, o que a tem levado a situações de absoluto constrangimento, miséria, exclusão, pobreza e vulnerabilidade. Assim, passaremos, a seguir, à abordagem das discussões específicas acerca da pobreza e da exclusão, numa tentativa de aproximá-lo ainda mais de temas tão prementes à realidade da categoria profissional.

Questões para reflexão (III)

1. **Em que consiste a banalização do humano?**
   Dica: Está relacionada à naturalização da questão social.
2. **Quais são os reflexos do ideário neoliberal na abertura de fronteiras e nas condições de trabalho?**
   Dica: Uma é consequência da outra.

1.4 Pobreza e exclusão social

Para trazermos as discussões necessárias pertinentes a esse item do capítulo, precisamos compreender que o próprio entendimento de *exclusão* não é um consenso. Assim, passaremos a discorrer sobre algumas definições relacionadas ao termo, com base em estudiosos da área.

Para Castel (2007, p. 21-22), a "exclusão se dá efetivamente pelo estado de todos os que se envolvem fora dos circuitos vivos das trocas sociais".

Ainda de acordo com Castel (2007), no espaço contemporâneo, os excluídos constituem-se em um grupo de pessoas que se encontram em uma situação que pode ser classificada como "nova pobreza". Porém, nessa ótica, o autor diverge da concepção de questão social como conflito entre capital e trabalho e como resistência, perspectiva defendida por Marilda Iamamoto, José Paulo Netto e outros autores adeptos do materialismo histórico dialético e, consequentemente, dos preceitos de Karl Marx.

A exclusão é ocasionada pelas situações de risco que podem ocorrer pela precarização das relações de trabalho. Uma pessoa que perde seu emprego pode passar a viver em situação de risco, logo, de vulnerabilidade social. É nessa ótica que Castel (2007) define metaforicamente "zonas" diferentes de vida e chama a atenção para a perda da proteção que a empregabilidade traz para aquele que vive do trabalho, bem como para as consequências dessa ausência de proteção.

Fávero (2001), em contrapartida, afirma que o ajuste neoliberal, com cortes nos projetos sociais, tem contribuído para o aumento do nível de exclusão. Assim, a autora destaca que o "ajuste neoliberal implantado no país fez com que as condições socioeconômicas de grande parte da população fossem agravadas, ocorrendo um aumento dos níveis de pobreza. A precarização das condições de trabalho, incluída nesse ajuste, é uma de suas mais claras expressões" (Fávero, 2001, p. 76).

De acordo com as análises anteriormente apresentadas, verificamos que a precarização das relações de trabalho é uma das principais causas do empobrecimento das famílias, não somente daquelas que não têm trabalho, mas também das que vivem em condições de trabalho temporários ou informais, sem estabilidade e sem proteção. Tais pessoas constituem os seguintes segmentos classificados por Netto e Braz (2006):

- **População flutuante**: Constituída pelos trabalhadores que trabalham temporariamente, aqueles que não podem contar com a segurança da empregabilidade.
- **População latente**: Constituída por aqueles que antes viviam nas zonas rurais e que acabam por migrar para a zona urbana em busca de trabalho.
- **População estagnada**: Constituída por aqueles que jamais tiveram um emprego fixo e que passam de uma ocupação para outra, sem planejamento, pela necessidade de sobrevivência.

Segundo Fávero (2001), as precárias condições de trabalho são provocadas pelos ajustes neoliberais. Nessa situação, a grande preocupação aparece à medida que se compreende que esse ajuste não atinge somente à esfera econômica, mas redefine globalmente as relações sociais e o campo político institucional, por meio de políticas privatizantes, de mercado e liberais, com o objetivo de defender e cristalizar o chamado *Estado mínimo*.

Nesse quadro de ajustes neoliberais, o que se verifica é que "os planos e programas de desenvolvimento econômico, de ajuste estrutural, nos moldes como vêm sendo executados, quer nos países centrais, quer nos países periféricos [...] têm aumentado a pobreza, o desemprego estrutural, a exclusão" (Wanderley, 2007, p. 165).

No entanto, mesmo com uma parcela de críticos que compreendem essa ideologia como carregada de fatores negativos, outra parcela significativa demonstra os acertos do modelo neoliberal e destaca a importância de se seguir essa orientação como modelo econômico.

Sabe-se que, quanto mais se eleva a proposta neoliberal, menores serão os gastos públicos com serviços e benefícios sociais, pois a ideologia prega um Estado enxuto e um mercado forte; nesse cenário, o lema é "salve-se quem puder". Para Fávero (2001), esse contexto impõe a uma vasta parcela de pessoas a ausência de garantia de inclusão social e situações de vulnerabilidades.

Em consequência desse ajuste, a situação de pobreza vivenciada por uma vasta parcela da população, que já não era detentora de acesso ao processo de trocas sociais ou tinha dificuldade de gozá-lo, sofreu uma ampliação em volume e densidade. A parcela da população que já não tinha garantido o direito à inclusão no trabalho formal e ao atendimento com dignidade às suas necessidades básicas se vê acompanhada de novos contingentes populacionais excluídos socialmente ou com maior grau de dificuldade para acesso a bens e serviços (Fávero, 2001).

Na atualidade, tem-se, para o tratamento daqueles que chamamos de *excluídos*, a via do mercado, marcada unicamente pelo mérito da competitividade, e a via do Estado, marcada por ações e discursos que visam apaziguar os conflitos.

O Estado cuida dos desesperados, e as empresas, da celebração do mercado. Podemos afirmar, nesse sentido, com base no exposto e nas discussões empreendidas, que existe um esforço para conciliar os ditames do capital financeiro a um mínimo de proteção e de garantias sociais.

As análises mostram que as ações do Estado, por meio das políticas públicas, como os programas de renda mínima, apenas atendem a situações imediatas; logo, não asseguram os direitos sociais do cidadão, tampouco garantem proteção às vulnerabilidades.

Nesse sentido, o destino dos excluídos

> se define essencialmente antes que ele se fragilize. Se nada de mais profundo for feito, a luta contra a exclusão corre o risco de se reduzir a um pronto-socorro social, isto é, intervir aqui e ali para tentar reparar as rupturas do tecido social. Esses empreendimentos não são inúteis, mas deter-se neles implica a renúncia de intervir sobre o processo que produz estas situações. (Castel, 2007, p. 28)

Para a professora Maria Carmelita Yazbek (2009a), os excluídos são definidos como aqueles que se encontram em condições de subalternidade. Para a professora, a situação daqueles que vivem diretamente vinculados à pobreza

> não se restringe à dimensão material da existência humana, penetrando perversamente na vida espiritual dos que a vivem. Observamos que, na sociedade capitalista, os segmentos subalternizados e excluídos são privados não apenas do consumo de mercadorias e de riqueza social, mas também muitas vezes do conhecimento necessário para compreender a sociedade em que vivem e as circunstâncias em que se encontram. (Yazbek, 2009a, p. 155)

Podemos afirmar que a situação de exclusão ou pobreza leva as pessoas a uma condição que vai além da ausência material, mas se estende a uma situação de alienação, em que não compreendem seus direitos, não fazem nenhuma crítica social e, muitas vezes, têm uma precária e insuficiente consciência da realidade, sendo totalmente destituídas de consciência crítica. Para Yazbek (2009a), quando temos uma população não politizada, acabamos abrindo caminhos para o tratamento clientelista da questão social, em que o direito é transformado em favor.

De acordo com o Programa das Nações Unidas para o Desenvolvimento (PNUD), em seu Relatório de Desenvolvimento Humano (PNUD, 2014, p. 23), os pobres são parte de um grupo de vulneráveis: os "grupos minoritários e socialmente excluídos sofrem uma elevada desigualdade horizontal e, muitas vezes, são igualmente alvo da discriminação no acesso ao emprego, à justiça e aos serviços".

Diante disso, organismos como o Banco Mundial, a Comissão Econômica para a América Latina (Cepal) e o PNUD apresentam estratégias para redução da pobreza, visando alcançar seus objetivos conforme a cartilha orientada pela perspectiva neoliberal. Nesse sentido, essas instituições têm as pretenções descritas a seguir.

Quadro 1.1 – Estratégias para redução da pobreza propostas pelo Banco Mundial, pela Cepal e pelo PNUD

Órgão	Objetivo	Estratégias
BANCO MUNDIAL	Reduzir de maneira sustentável a pobreza no mundo em desenvolvimento.	• Promoção do uso produtivo do ativo mais abundante dos pobres: a mão de obra, requerendo políticas que mobilizem para tal fim os incentivos do mercado, as instituições sociais e políticas, a infraestrutura e a tecnologia. • A promoção de serviços sociais básicos aos pobres: atenção primária à saúde, planejamento familiar, nutrição e educação primária são especialmente importantes. • Facilitação e promoção de programas de transferências bem localizadas e redes de segurança.
CEPAL	Viabilizar a produção com equidade, de forma a valorizar a técnica, o pleno emprego e os recursos humanos.	• Progresso técnico como objetivo central. • Obtenção do pleno emprego produtivo, aduzindo que somente uma transformação produtiva dinâmica gerará expansão sólida e sustentável. • Inversão em recursos humanos.

(continua)

(Quadro 1.1 – conclusão)

Órgão	Objetivo	Estratégias
PNUD	Promover a sustentabilidade, a economia popular, a política de satisfação das necessidades básicas, o desenvolvimento sociocultural e o protagonismo dos pobres, bem como a reforma do Estado.	• Desenvolvimento da capacidade de crescimento sustentável com equidade, o que implica reativação econômica, transformação produtiva das economias latino-americanas e incrementos importantes nos salários reais. • Apoio massivo à economia popular por meio da promoção, da assistência técnica, do crédito e do apoio à comercialização. • Política de satisfação das necessidades básicas específicas, ou política social para superar a pobreza, o que supõe uma transformação profunda da política social. • Política de desenvolvimento sociocultural para fortalecer as capacidades dos pobres e reforçar assim seu papel protagonístico na superação da pobreza. • Reforma e modernização do Estado, a fim de desenvolver um estilo gerencial pró-participativo, flexível e adaptativo. • Atenção à dimensão de gênero, cujo objetivo é complementar a equidade social com a de gênero. • Atenção à dimensão tecnológica que, abordando explicitamente a inovação para superar a pobreza, contribui para a obtenção de muitos dos componentes anteriores.

Fonte: Adaptado de Wanderley, 2007, p. 183-185.

> **Questões para reflexão (IV)**
>
> 1. Netto e Braz (2006) classificam a situação das pessoas que vivem em condições de trabalho precário, ou sem trabalho, como flutuante, latente e estagnada. Utilizando a ideia dos autores, defina quem são essas pessoas no mundo do trabalho.
>   **Dica:** Não se trata somente dos que não têm trabalho.
> 2. Por que a situação de exclusão e/ou pobreza leva as pessoas à alienação?
>   **Dica:** Pense em direitos sociais.

Síntese

O assistente social tem como objeto do seu trabalho a questão social e suas múltiplas expressões; logo, decifrar a realidade social é dos maiores desafios profissionais. É preciso, assim, que o assistente social saiba romper com ações burocráticas, devendo atuar com postura propositiva e criadora.

As possibilidades de resposta à questão social estão presentes na realidade social, de forma que o profissional de Serviço Social deve buscar respostas às expressões da questão na própria realidade, por meio de uma leitura crítica, bem como pela busca cotidiana de conhecimento e formação profissional.

A questão social está intimamente ligada ao capitalismo; seu surgimento é indissociável da sociedade capitalista, e sua relação com as desigualdades sociais, produzidas pela sociedade capitalista, é inextricável. Logo, seu avanço está condicionado ao estágio monopolista do capitalismo. Por outro lado, a questão social incorpora também as possibilidades de rebeldia e precisa ser captada, percebida, para que seja convertida em projetos alternativos de resistência.

Sabe-se que as principais ações de enfrentamento à questão social têm se pautado em políticas públicas focalistas, seletivas, que muitas vezes culpabilizam as pessoas por suas condições. Isso deve ser objeto de enfrentamento do profissional de Serviço Social, que tem um compromisso social amparado por seus princípios e valores contidos em seu Projeto Ético-Político Profissional.

A maneira como o Estado trata a questão social está desarticulada de uma leitura crítica da relação capital/trabalho. É possível afirmar que as políticas sociais contemporaneamente têm assegurado o desenvolvimento capitalista, em um cenário em que o Estado assume um papel de mediador dos interesses contraditórios entre os capitalistas e os fornecedores de força de trabalho.

O processo de financeirização não se caracteriza somente pela preferência do capital por investimentos em especulação financeira em vez da aplicação produtiva. Ele também esconde o poder do capital transnacional e daqueles que dominam o mercado de investimento financeiro, numa relação em que as finanças são vistas como autônomas pela sociedade.

O capitalismo contemporâneo vive e se amplia na concentração do sistema financeiro e na acumulação: o sistema econômico capitalista não tem nenhum interesse em produzir sem ter lucros. Sabe-se que, para a massa de capital, a forma "dinheiro", ou lucro, é indispensável à sua dinâmica, pois essa massa tem sua remuneração por meio dos juros, sem nenhum compromisso com a produtividade ou com a promoção ou geração de empregos no mercado de trabalho.

Com o desenvolvimento do capitalismo, uma parcela de capitalistas, chamados *capitalistas rentistas*, passou a lucrar exclusivamente do capital na forma monetária. Nessa relação, apresenta-se o capital fetiche.

A mundialização da economia e da financeirização levou a novas configurações da questão social, com a perspectiva do descartável e a indiferença perante o outro. Trata-se da banalização do humano (a subordinação ao poder das coisas), logo, da subordinação ao desenvolvimento econômico, vista como barbárie social. Também ocasiona a naturalização da desigualdade social, levando à indiferença ante o destino de homens e mulheres trabalhadores que são abandonados (os sobrantes para o capital).

A financeirização atinge os trabalhadores, tendo como resultados a redução de postos de trabalho e o desemprego. A mercantilização reflete um "novo mundo", com novas mercadorias, novos hábitos e novos padrões.

O ideário neoliberal tem como base material a reestruturação produtiva. O neoliberalismo tem se propagado muito rapidamente, principalmente nos países capitalistas centrais, sendo utilizado como alternativa para combater a crise do *welfare state*. Essa abordagem econômica teve início nos países à época ditos de *primeiro mundo*, mas foi entendido como receita para as demais nações. Assim, como possibilidade de manutenção da ordem do capital, o neoliberalismo se apresenta como uma nova configuração, o que culminou na supressão do Estado de bem-estar social.

O ideal neoliberal provocou mudanças nas formas de produção e atingiu principalmente as grandes empresas industriais, que buscam formas de ser mais competitivas no mercado globalizado, tendo como foco principal redução dos custos de produção.

Assim, o neoliberalismo favoreceu a abertura das fronteiras. A escolha do local de instalação de uma grande empresa geralmente está associada às vantagens disponíveis para se produzir a custos mais baixos. O ideário neoliberal defende a empresa moderna (enxuta), racional, com possibilidade de se desenvolver e ser mais competitiva. Nesse sentido, as otimizações e as novas configurações do mercado geram uma grande massa de pessoas alijadas do sistema e, consequentemente, do sentido de pertencimento social.

Conforme Castel (2007), o grupo chamado de *excluídos* insere-se em uma situação de "nova pobreza". A exclusão é ocasionada pela situação de risco, geralmente em virtude da precarização das relações de trabalho.

O ajuste neoliberal tem contribuído para o aumento do nível de exclusão, com agravamento da pobreza, que tem a precarização das condições de trabalho como uma de suas claras expressões.

A situação de exclusão ou pobreza leva as pessoas a uma condição que vai além da ausência material: chega à situação de alienação, à não compreensão de seus direitos, à ausência de crítica social, a um contexto em que o direito é transformado em favor, o que causa dependência de determinados segmentos da sociedade, que, no limite, estão destituídos do usufruto dos direitos sociais aos quais têm direito.

Para saber mais

BÓGUS, L.; YAZBEK, M. C.; BELFIORE-WANDERLEY, M. (Org.). **Desigualdade e a questão social**. 2. ed. rev. ampl. São Paulo: Educ, 2007.

Esse trabalho detalha as armadilhas da questão social, a questão social no contexto da globalização, os enigmas do social e as transformações da questão social, na perspectiva de vários autores do Serviço Social.

IAMAMOTO, M. V. **Serviço social em tempo de capital fetiche**: capital financeiro, trabalho e questão social. São Paulo: Cortez, 2005.

A obra tem como objetivo apresentar elementos de análise do trabalho do assistente social no tempo do capital fetiche. Para um entendimento ampliado, ela foi dividida em duas partes, sendo a primeira dedicada à compreensão da mundialização da economia, a relação entre o capital financeiro e a questão social, o significado da questão social na teoria social crítica, as particularidades da formação histórica brasileira e sua relação com a questão social, o debate internacional sobre o tema e as estratégias de enfrentamento a ele; já a segunda parte é destinada à análise do Serviço Social e da sociabilidade com foco no processo de trabalho, a relação entre trabalho e indivíduo social, a forma histórica e a individualidade social na sociedade burguesa, a relação entre processos capitalistas de trabalho e indivíduo social e a relação entre classe e cultura.

MONTAÑO, C. Pobreza, "questão social" e seu enfrentamento. **Serviço Social & Sociedade**, São Paulo, n. 110, abr./jun. 2012. Disponível em: <www.scielo.br/scielo.php?pid=S0101-66282012000200004&script=sci_arttext>. Acesso em: 13 abr. 2017.

Nesse artigo, você poderá entender as diferentes concepções de pobreza e "questão social", bem como suas formas de enfrentamento no contexto do liberalismo clássico, do keynesiano e do neoliberalismo. O texto oferece uma reflexão sobre aspectos histórico-críticos de pobreza e da "questão social" e problematiza a luta contra a desigualdade social por meio de políticas compensatórias.

Questões para revisão

1. Leia as afirmativas a seguir sobre as características do neoliberalismo e, a seguir, assinale a alternativa que apresenta a resposta correta:
    I. A ideologia neoliberal busca uma lógica que acarreta a naturalização da questão social.
    II. A ideologia neoliberal culpabiliza as pessoas por sua condição de pobreza.
    III. A ideologia neoliberal busca um estado protetor, mas responsabiliza as pessoas por sua situação de miséria e pobreza.
    IV. A ideologia neoliberal compreende a desigualdade social como mera fatalidade, quase natural.
    a) I, II e IV estão corretas.
    b) I, III e IV estão corretas.
    c) II e IV estão corretas.
    d) III e IV estão corretas.
    e) I, III, e IV estão corretas.

2. Podemos compreender que a naturalização da questão social:
   I. torna presente a expressão do humano subalternizado e das desigualdades sociais, típicos da sociedade capitalista de perspectiva neoliberal.
   II. submete as necessidades humanas ao poder das coisas, de modo que as pessoas são valorizadas pelo ser.
   III. tem como leitura "o mercado capaz de resolver todas as coisas", sendo julgados como "preguiçosos" aqueles que são incapazes de se manter e/ou manter sua família.
   IV. trata-se de remeter a indiferença à condição humana dos trabalhadores, independentemente da condição de gênero ou etnia.
   Com base na análise das afirmativas, assinale a alternativa correta:
   a) I, II e IV estão corretas.
   b) I, II e III estão corretas.
   c) II e IV estão corretas.
   d) III e IV estão corretas.
   e) I, III e IV estão corretas.

3. Com o desenvolvimento do capitalismo, os chamados *capitalistas* _____ passaram a lucrar exclusivamente do capital na forma monetária. Nessa relação, tem-se o capital _____.
   Assinale a alternativa que preenche corretamente as lacunas:
   a) rentistas; fetiche.
   b) rentistas; social.
   c) mercantilistas; social.
   d) mercantilistas; fetiche.
   e) anarquistas; fetiche.

4. Com base nos autores trabalhados no texto, bem como nos diversos debates empreendidos, defina a questão social.

5. O processo de mundialização e de financeirização da economia traz novas configurações da questão social. Com base na leitura do texto, destaque as principais repercussões desse processo.

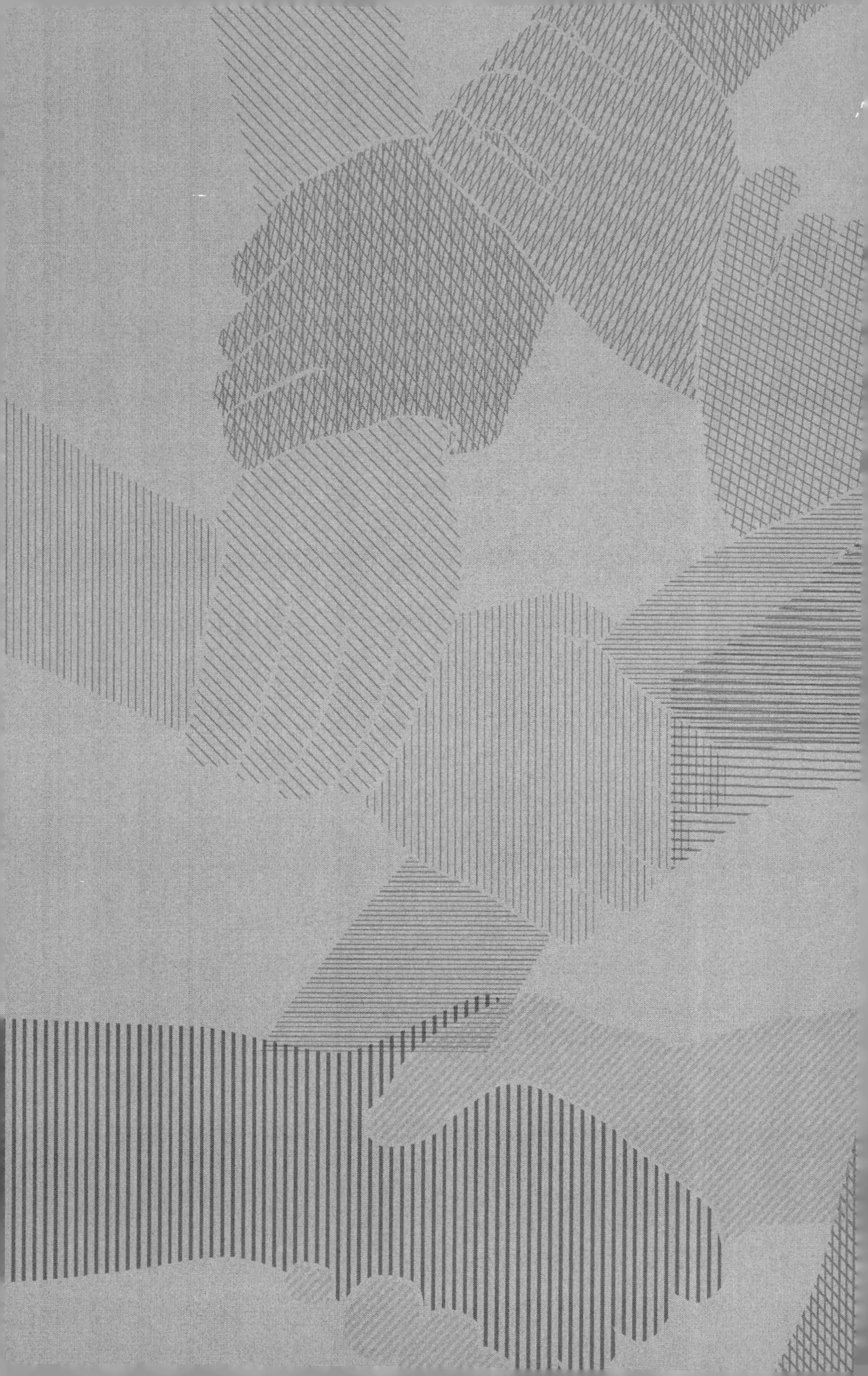

CAPÍTULO 2

Serviço Social na contemporaneidade:
Dos movimentos de ruptura aos desafios do cotidiano na atualidade

Conteúdos do capítulo:

- O Serviço Social e seu processo de renovação.
- O processo de ruptura do Serviço Social e o envolvimento da categoria profissional no processo de mudança.
- Os seminários de Araxá, Teresópolis, Sumaré e Alto da Boa Vista.
- O Projeto Ético-Político do Profissional do Serviço Social.

Após o estudo deste capítulo, você será capaz de:

1. apreender o processo de renovação empreendido pelo Serviço Social na condição de categoria profissional comprometida com as causas da classe trabalhadora no Brasil;
2. identificar os desafios da categoria profissional de Serviço Social que implicaram o processo de redefinição de rotas da profissão;
3. entender o processo de ruptura no contexto histórico da profissão e sua repercussão no cotidiano profissional do assistente social na contemporaneidade;
4. qualificar o Projeto Ético-Político Profissional do Assistente Social como possibilidade de legitimação de princípios e valores que estabelecem o pacto que a profissão faz com causas da sociedade que vive do trabalho.

O Serviço Social no Brasil teve sua primeira escola na cidade de São Paulo, em 1936, inspirada pelos ideais da Igreja Católica, bem como pelos princípios da filantropia e da caridade. O curso inicial teve grande inspiração na disciplina de Ciências Sociais da Universidade de São Paulo (USP), amplamente vinculada aos preceitos positivistas de Auguste Comte e que iria influenciar o caminho do Serviço Social por muitos anos.

A sociedade, já no final do século XIX, cobrava do Estado uma resolução das expressões da questão social. As demandas envolvidas eram principalmente a luta pela melhoria das condições de vida, uma vez que o processo de exploração pelo capital agudizava as mazelas sociais sob a forma de miséria e pauperismo; aliava-se a esse contexto uma intensa extratificação social em que os pobres estavam à mercê da filantropia e da caridade, enquanto as políticas estavam direcionadas, em sua maioria, ao trabalhador formal.

Já em 1950, os assistentes sociais se reuniram com a finalidade de elaborar uma teoria que pudesse embasar a prática do Serviço Social. O resultado desse trabalho foi o livro *Serviço social no mundo moderno*, escrito por Alfred Kahn. A obra é uma das mais lidas mundialmente pela categoria profissional, sobretudo por abordar as questões que permeiam o Serviço Social, principalmente no que dizia respeito ao futuro da prática profissional à época.

Em 1960, os questionamentos da categoria acerca da pobreza, do poder, do controle, da estrutura e da organização fortaleceram a luta contra a desigualdade. A revolução dos direitos civis, que lhe serviu de pano de fundo, ofereceu condições para que intenções de ruptura com a realidade social posta à época germinassem, o que futuramente propiciou a participação social. Esse contexto permitiu uma flexibilidade sobre as bases teóricas e as formas organizacionais do Serviço Social; porém, não pode ser considerado como a reconfiguração dos elementos fundantes da profissão, ou a efetiva reconceituação do Serviço Social.

Em 1970, iniciaram-se os movimentos de criação das políticas sociais, com vistas a uma resposta da prática profissional às demandas oriundas da realidade social. Assim, nessa década o debate girou em torno da efetivação das políticas sociais e de sua relevância para o Serviço Social.

Cabe salientarmos que o trabalho formal definia uma situação de pertencimento e, assim, só tinham direito ao acesso às políticas de seguridade social, como saúde e previdência social, os trabalhadores com carteira de trabalho assinada, de modo que a maioria estava destinada às instituições filantrópicas (importante lembrar que, nesse período, a assistência social não se configurava em política pública, mas em ações pontuais e, não raro, com viés assistencialista, dependente e parcial). Destacamos ainda que, nesse período, por ser um período de ditadura, o conservadorismo e a repressão predominavam, assim como a exploração do trabalho.

A criação de instituições públicas se deu de forma seletiva, priorizando apenas os trabalhadores, sendo ainda divididos por categoria, e seus familiares não integravam a atenção das políticas públicas. Isso se refletiu na ação do Serviço Social, pois ficavam a cargo desse setor ações de caridade fundamentadas na ideologia católica e do capital.

A reformulação do Serviço Social, ou a tentativa de revisão de seus pressupostos teórico-metodológicos, teve seu ápice em 1970 com o denominado *Movimento de Reconceituação*. No entanto, ações em busca dessa reformulação iniciaram-se por volta dos anos de 1950, com base nos questionamentos dos profissionais que se incomodavam por não conseguir atender as demandas apresentadas à profissão.

Nesse sentido, destinados à ruptura com o Serviço Social tradicional, foram realizados seminários, ou encontros: Seminário de Araxá, Seminário de Teresópolis, Seminário de Sumaré e Seminário de Alto da Boa Vista. Eles definiram conquistas do Movimento de Reconceituação na América Latina e no Brasil. Assim, o texto aqui apresentado trará a abordagem sobre os seguintes temas: o Movimento de Reconceituação na América Latina e no Brasil, as conquistas e os limites do Movimento de Reconceituação, o Seminário de Araxá, o Seminário de Teresópolis, o Seminário de Sumaré e o Seminário de Alto da Boa Vista.

Tais abordagens teórico-filosóficas tiveram o objetivo de discutir a realidade da época, bem como se fizeram presentes no Serviço Social.

Esse processo se constituiu de tal forma que possibilitou as futuras discussões em torno de um novo posicionamento da categoria profissional, as quais, nos anos 1993, vieram à tona como forma de compromisso social, por meio do Projeto Ético Político do Serviço Social, inaugurando assim um novo pensar em torno da profissão, seus princípios e seus valores.

O projeto hegemônico da profissão, ou Projeto Ético-Político do Profissional de Serviço Social, traz em seu bojo os princípios e os valores da categoria profissional, amplamente discutidos e debatidos desde os anos de 1970, e que, a partir de 1993, ganharam realidade concreta e permeada de contradições. Finalmente, o panorama social contemporâneo aparece como elemento que contribui para reforçar a abordagem utilizada pelo texto, bem como os desafios impostos ao projeto profissional em meio a projetos societários divergentes e, sobretudo, em colisão com a proposta de sociedade com vistas aos direitos humanos, à democracia, à cidadania e à libertação das amarras da subalternidade.

2.1 O movimento de ruptura no Serviço Social: Brasil e América Latina em destaque

Para adentrarmos o estudo sobre o movimento de ruptura no Serviço Social, é necessário abordarmos o contexto histórico da profissão e suas incursões à realidade, visando a mudanças dos paradigmas até então estabelecidos. Destacamos que esse movimento foi de grande relevância na história da profissão e refletiu nos conteúdos e diretrizes instituídas após os anos de 1990 e confirmando seus valores e princípios em defesa de uma sociedade democrática, marcadamente à luz da adesão às causas da classe trabalhadora.

Lembremo-nos que no início da década de 1960 os assistentes sociais do Brasil, assim como os da América Latina, passaram a questionar o Serviço Social quanto a sua natureza e operacionalidade. No Brasil, nesse período, os assistentes sociais estavam envolvidos nos programas de governo de perspectiva macro, ou seja, em âmbito nacional eram propostos planos, programas e projetos que tinham, na linha de frente, a presença do Serviço Social como um de seus executores. Logo, a categoria profissional já havia aderido ao projeto de reconfiguração de suas metodologias e exigia reformas.

O Serviço Social na América Latina teve em suas bases a influência das transformações societárias e fortaleceu-se com o Serviço Social brasileiro na luta pelo movimento de ruptura da profissão. Montaño (2006, p. 133) afirma:

> Falar sobre o Serviço Social latino-americano no século XXI não parece ter o mesmo significado que se verificava nos anos que emolduram o Movimento de Reconceituação. Efetivamente, os diferentes caminhos percorridos, a partir da década de 1970, por nossos países, fundamentalmente, depois dos processos de ditaduras militares, levantaram barreiras que dificultaram a relação e intercâmbio profissional no continente.

A reconceituação do Serviço Social latino-americano, vinculado à Associação Latino-Americana de Escolas de Trabalho Social (Alaets) e ao Centro de Estudos Latino-Americano de Trabalho Social (Celats) se caracterizou pela unidade na diversidade. Nos anos de 1960 e 1970, houve uma dinamização articulada com o protagonismo desses órgãos de representação e organização da categoria profissional, bem como fomento à participação de suas bases nos vários países da América Latina, incluindo os da América Central.

Assim, começavam na América Latina os seminários regionais, que questionavam a inserção da profissão em programas originados e promovidos em gabinetes, distantes dos interesses e das necessidades diretas da população. Logo, as perspectivas da atuação do profissional de Serviço Social seguiam essas dimensões, ou seja, era uma profissão que reproduzia as determinações oriundas das políticas macroestruturadas e, assim, os interesses instituídos na sociedade vigente.

A ditadura militar trouxe para o Serviço Social elementos desafiadores diante da realidade vivida pela população, sobretudo a mais empobrecida, e, assim, exigiu que os profissionais da área empreendessem estratégias que vislumbrassem o enfrentamento e a resistência aos arrelhos repressivos advindos do Estado. Houve por parte da categoria profissional um incômodo diante da realidade social experienciada à época, sentimento que a levou a implementar ações de levantamento de ideias que pudessem contribuir para a mudança das atividades e dos processos de trabalho. Nesse bojo surgiu a necessidade de conceber novas formas de superar a visão fragmentada da realidade e, em consequência, dos sujeitos que a compõem. Essas transformações trouxeram consigo a responsabilidade da profissão de mudar suas diretrizes de trabalho e suas ações cotidianas, reflexo, obviamente, de suas matrizes teóricas de pensamento.

Assim, a intenção de ruptura do Serviço Social tradicional se deu em três direções profissionais: a modernização, a atualização do conservadorismo e a intenção de ruptura com o Serviço Social tradicional (Iamamoto, 2000).

Conforme Iamamoto (2000, p. 32, grifo do original),

> A atualização da herança conservadora aparece de forma mais destacada no "pós-64", e informa as respostas dadas por parcela majoritária da categoria profissional às novas demandas que lhe são apresentadas no capitalismo monopolista. Essa atualização se manifesta em mudanças no discurso, nos métodos de ação e no projeto de prática profissional diante das novas estratégias de controle e representação da classe trabalhadora, efetivadas pelo Estado e pelo grande capital, para atender às exigências da política de desenvolvimento com segurança. Traduz-se numa **modernização da instituição Serviço Social**. De um lado, é preciso aperfeiçoar o instrumental operativo, com as metodologias de ação, com a busca de padrões de eficiência, a sofisticação de modelos de análise, diagnóstico e planejamento; enfim, é preciso dar suporte técnico à ação profissional. Uma crescente burocratização das atividades institucionais, resultante das reformas administrativas que atingem o aparelho de Estado, as grandes instituições assistenciais e as empresas, acompanha as mudanças.

Essas direções começaram a tensionar e dinamizar a sociedade brasileira. Vários eventos foram significativos e propiciaram debates profissionais, como o Encontro de Araxá (ou Seminário de Araxá), ocorrido em 1967 na cidade mineira, que gerou o **Documento de Araxá**, que apresenta o esforço pela teorização e por uma prática com ações de promoção e prevenção.

Posterior ao Encontro de Araxá, já em 1970, o Seminário de Teresópolis gerou o **Documento de Teresópolis**, que apresenta a importância do atendimento às necessidades sociais. O ponto de partida para a renovação do Serviço Social foi a produção do conhecimento realizada pelos cursos de pós-graduação na área (Faleiros, 2005).

Nesse sentido, o Movimento de Reconceituação, em sua busca pela ruptura, foi um processo de desconstrução de um paradigma, de formulação teórica e prática da profissão e de construção de uma proposta embrionária, questionadora e crítica da ordem dominante. Esse movimento trouxe o debate da transformação social no contexto social do capitalismo e da articulação do profissional, do científico e do político com as condições e relações de trabalho.

Obviamente, cabe destacarmos os limites do Movimento de Reconceituação quanto ao alcance das rupturas pretendidas, visto que esse movimento, principalmente em razão das restrições impostas pelo período histórico e político, não conseguiu alcançar os patamares da redefinição dos nortes da profissão no que se refere ao alcance das matrizes oriundas das teorias críticas. No entanto, também enfatizamos que o movimento propiciou o germe da transformação das diretrizes do Serviço Social, sobretudo pela promoção de debates e discussões em torno da "teoria e da metodologia" da área.

A década de 1980 foi marcada pelo protagonismo político, com a presença de vários movimentos reivindicatórios de direitos sociais da classe trabalhadora. Como exemplo, destacamos o movimento sanitário em prol da saúde pública, o debate teórico do Serviço Social e a incorporação da teoria marxista como vertente da profissão. O Serviço Social teve presença significativa no movimento sanitário e na reforma sanitária (além, é claro, do movimento antimanicomial, protagonizado pelos trabalhadores da saúde mental), recebendo influências da época, como a crise do Estado e a falência da atenção à saúde. Outros movimentos foram objeto de intervenção e participação da categoria profissional, o que reflete seu compromisso com os interesses da classe trabalhadora e, assim, com o rompimento com o conservadorismo.

Desse modo, com base na análise do contexto histórico, verificamos que a reconceituação, assim como as propostas de ruptura, partiram de dois fundamentos: a integração da profissão na América Latina e a evolução das ciências sociais, que passaram a permear o movimento estudantil de questionamento da profissão nas escolas de Serviço Social. Os elementos propulsores, ou instituições responsáveis pela reconceituação no Brasil, foram o Centro Brasileiro de Cooperação e Intercâmbio em Serviços Sociais (CBCISS) e a Associação Brasileira de Ensino em Serviço Social (ABESS), hoje, Associação Brasileira de Ensino e Pesquisa em Serviço Social (ABEPSS).

O Movimento de Reconceituação, com vistas à ruptura das premissas então utilizadas pela categoria profissional, influenciou a realidade que deu origem, posteriormente, a outros movimentos que percebiam o desconforto da profissão e que requeriam novos olhares e, sobretudo, diferentes formas de intervenção na realidade social. Esses eventos resultaram no Projeto Ético-Político que atualmente caracteriza e embasa os valores e princípios do profissional de Serviço Social, exaustivamente debatidos no seio da categoria durante décadas. Em vista disso, é relevante afirmarmos que o resultado desse movimento, na atualidade, pode ser entendido como o reconhecimento social da profissão e sua respeitabilidade pública, inclusive por sua intervenção política.

Questões para reflexão (I)

1. **Destaque as instituições que fomentaram os debates acerca da profissão e do Movimento de Reconceituação.**
   Dica: Lembre-se de que essas instituições estiveram ligadas à formação profissional.

> 2. A década de 1980 foi marcada pelo protagonismo político, concretizado pela presença do Serviço Social em vários movimentos reivindicatórios. Destaque quais foram.
> **Dica:** Lembre-se de que os movimentos deram origem a várias mudanças na sociedade contemporânea.

2.2 O Serviço Social e o embate com o conservadorismo: seminários de Araxá, Teresópolis, Sumaré e Alto da Boa Vista

Para que possamos empreender uma leitura crítica da realidade do período estudado, devemos estabelecer uma aproximação com os vários cenários oriundos das décadas anteriores, que se consubstanciaram nas discussões levantadas nos encontros promovidos pela categoria profissional.

2.2.1 O Seminário de Araxá

O movimento de busca por novos paradigmas que favorecessem um novo e diferente processo de trabalho, amparado por uma nova configuração da ação profissional, estimulou a categoria profissional a buscar por panoramas e melhores condições de operacionalização do trabalho. Esse movimento foi constituído por reuniões importantes, conforme já destacado: Seminário de Araxá, Seminário de Teresópolis, Seminário de Sumaré e Seminário de Alto da Boa Vista.

O Seminário de Araxá foi o primeiro seminário de teorização do Serviço Social brasileiro e teve como objetivo estudar e teorizar a metodologia da área. Tratava-se de um movimento de busca por diferentes premissas a serem implementadas no cotidiano do profissional de Serviço Social.

O evento foi promovido pelo CBCISS e dele participaram 38 assistentes sociais, de diversas localidades do país, no período de 19 a 26 de março de 1967, na cidade de Araxá, em Minas Gerais.

O Seminário foi fundamentado em cinco documentos elaborados pela Escola de Serviço Social da Pontifícia Universidade Católica de São Paulo (PUC-SP), os quais destacam os pressupostos e diretrizes apresentados no quadro a seguir.

Quadro 2.1 – Pressupostos e diretrizes do Serviço Social

Componentes universais do Serviço Social	O Serviço Social é uma disciplina ou instrumento de intervenção na realidade humano-social, com objetivos específicos, funções em vários níveis e metodologia própria.
Metas do Serviço Social	• Identificar e tratar problemas e distorções que impedem indivíduos e famílias de alcançar padrões econômicos compatíveis com a dignidade humana. • Colher elementos e recolher dados referentes a problemas e, assim, propor reformas nas estruturas e ajudar grupos e comunidades nessas reformas. • Criar condições para a participação de indivíduos, grupos, comunidades e populações. • Implantar e dinamizar sistemas e equipamentos que alcancem o objetivo da profissão.
Atitudes do Serviço Social diante do processo de formulação e implantação da política social	• Trabalhar a visão global das necessidades e aspirações humanas e sociais. • Ter experiência prática dos problemas. • Preocupar-se com a marginalização. • Considerar os indivíduos portadores de algum benefício como sujeitos e participantes ativos desses planos e medidas.

(continua)

(Quadro 2.1 – conclusão)

Alinhamento do papel e das funções do Serviço Social	O papel do Serviço Social, assim como suas funções, devem estar alinhados de forma a fundamentar-se no conhecimento da dinâmica da vida individual e social e da construção de sistemas e técnicas para obter a participação da população na criação e avaliação dos recursos sociais.
Níveis de atuação do Serviço Social	▪ Política social. ▪ Planejamento social. ▪ Prestação de serviços diretos. ▪ Administração de serviços de bem-estar social.
Funções	Participação na elaboração, na criação e na formulação dos níveis de atuação.
Ótica	Visão global das necessidades humanas e sociais.
Metodologias	▪ Serviço Social de Caso. ▪ Serviço Social de Grupo. ▪ Desenvolvimento de comunidades. ▪ Assessoria.

Fonte: Elaborado com base em Herrera, 1976.

Assim, com base em discussões empreendidas por alguns segmentos da categoria profissional, foram definidos os seguintes postulados:

- **Postulado da dignidade da pessoa humana**: O ser humano é compreendido numa posição de eminência ontológica na ordem universal, na qual todas as coisas devem estar referidas.
- **Postulado da sociabilidade essencial da pessoa humana**: É o reconhecimento da dimensão social intrínseca à natureza humana.
- **Postulado da perfectibilidade humana**: Consiste no reconhecimento de que o ser humano é, na ordem ontológica, aquele que pode verificar sua capacidade de produzir resultados e autorrealização.

Conforme podemos observar, a descrição do seminário trazia um panorama de otimismo, assim traduzido:

Os participantes do 1º Seminário de Teorização do Serviço Social optaram por discutir, todos, o mesmo roteiro sobre conceitos básicos e estudar a metodologia sob um prisma genérico, ao invés da dinâmica dos processos. Após o Seminário houve a publicação do que se chama Documento de Araxá. Os participantes do Seminário vieram de várias regiões do país e estavam assim distribuídos conforme as escolas em que se formaram. (Aguiar, 1995, p. 11)

O Documento de Araxá, resultado do Seminário de Araxá, em sua introdução faz uma análise da criação do Serviço Social em 1930. Naquele período, as ações profissionais eram de caráter de ajustamento do indivíduo às regras colocadas pela sociedade, tanto pela ideologia da Igreja quanto pelos interesses do capital. Diante disso, os objetivos do evento foram integrar o Serviço Social no processo de desenvolvimento da sociedade e, a partir dai, redefinir os objetivos, as funções e a metodologia do Serviço Social.

No Seminário foram feitos os seguintes questionamentos quanto à natureza do Serviço Social:

1. É ciência?
2. É arte?
3. É parte das ciências sociais aplicadas ou das ciências psicossociais?

Foi direcionada muita atenção ainda à história do Serviço Social, à evolução dos conceitos e à sistematização de disciplinas e elementos de intervenção na prática profissional.

Outro aspecto abordado no Seminário de Araxá foi o caráter da profissão, sendo três: **caráter corretivo**, **caráter preventivo** e **caráter promocional**, capazes de dar destaque às formas de intervenção na realidade, avaliar as consequências de cada forma de intervenção e reinserir os indivíduos na sociedade. Entre os objetivos do Documento de Araxá, cabe destacarmos a valorização e a melhoria das condições do ser humano para sua elevação a outros patamares para a sociedade. No documento foram abordadas, ainda, as funções do Serviço Social, envolvendo diferentes níveis de atuação, tais como as políticas sociais, o planejamento, a administração de Serviço Social e os serviços de atendimento direto. A metodologia foi definida com base em postulados, que podem ser definidos como pressupostos éticos e metafísicos que caminham na direção de assegurar a dignidade humana. Podem ser entendidos como o germe de preocupações que posteriormente vieram a ganhar força nas discussões da categoria profissional, gerando o fortalecimento de seus princípios e valores profissionais.

O Seminário de Araxá permitiu a elaboração do conhecimento com base na realidade racional e o questionamento da fundamentação teórica e prática da profissão. No entanto, o encontro não saiu da perspectiva do conservadorismo.

O Documento de Araxá também preconizou a metodologia do **Serviço Social de Caso**, um conjunto de conhecimentos teóricos e práticos identificáveis e transmissíveis utilizados no atendimento às pessoas com problemas e dificuldades de relacionamento pessoal e social.

Já na perspectiva de desenvolvimento de comunidades, o documento oriundo do Seminário de Araxá defende a incorporação de equipes profissionalmente diversificadas, tendo em vista que essa metodologia é composta por quatro etapas:

1. experiências de organizações de comunidade;
2. finalidade de atingir de forma imediata as melhorias das condições de vida;
3. necessidade de atender os problemas estruturais;
4. busca por criação de técnicas que atendam as necessidades em voga.

Enfim, podemos perceber que a contribuição do Documento de Araxá para o Serviço Social foi questionar a teoria e propor bases para uma nova teoria fundamentada nas ciências sociais e no incentivo à produção de conhecimento da própria profissão.

Apesar de alguns críticos não levarem em conta essa contribuição, por julgarem que não houve considerável evolução, e pelo caráter positivista e funcionalista na categoria profissional ter se mantido, cabe considerarmos a importância histórica desse seminário para o Serviço Social, uma vez que compõe um dos capítulos do Movimento de Reconceituação, incipiente na construção de uma nova ordem societária, e tendo em vista ter sido uma primeira possibilidade de saída do que estava instituído socialmente no seio da profissão.

> **Questão para reflexão**
>
> 1. Destaque os componentes e as metas do Serviço Social e cite os postulados defendidos pela categoria profissional quando do Seminário de Araxá.
> **Dica:** Considere o amplo debate empreendido pela categoria profissional.

2.2.2 O Seminário de Teresópolis

A partir do Encontro de Araxá, a categoria profissional mobilizou-se para que uma nova possibilidade de discussão e debate fosse implementada. Assim, foi organizado o segundo Seminário de Teorização do Serviço Social, que aconteceu em 1970, na cidade de Teresópolis, interior do Estado do Rio de Janeiro, e abordou a metodologia do Serviço Social. Esse evento foi organizado pelo CBCISS, que definiu o roteiro apresentado a seguir:

- Teoria do diagnóstico e da intervenção em Serviço Social – a intervenção em Serviço Social.
- Diagnóstico e intervenção em nível do planejamento, incluindo situações globais e problemas específicos.
- Diagnóstico e intervenção em nível da administração.
- Diagnóstico e intervenção em nível de prestação de serviços diretos a indivíduos, grupos, comunidades e populações.

O CBCISS distribuiu esse roteiro entre 103 assistentes sociais. No entanto, apenas 33 participaram do seminário. A instituição definiu critérios de participação dos profissionais, a destacar: interesse pelo estudo da teoria do Serviço Social, procedência institucional, tempo de formatura e procedência regional.

A primeira reunião do evento, que ocorreu de 10 a 17 de janeiro, foi embasada nos fundamentos da metodologia do Serviço Social, na concepção científica da prática da profissão, na aplicação da metodologia e nas pesquisas e pressupostos da área.

Os principais resultados do encontro tiveram como foco principal o reconhecimento de que as discussões acerca das temáticas estudadas não se encerraram e que o objeto dos estudos do Serviço Social deveria ser mais aprofundado em reflexões futuras. Assim, o referido seminário não pretendeu esgotar a matéria nem encerrar assunto de tão alto significado, bem como não teve perspectiva de responder às necessidades sociais do Brasil.

O seminário foi dividido em grandes temas, que, por sua vez, foram divididos em partes, e estas, em etapas. A primeira parte, denominada *Fenômenos e variáveis significativos para a prática do Serviço Social*, teve cinco etapas, a destacar:

1. Levantamento de fenômenos significativos observados na prática do Serviço Social, obviamente partindo das necessidades básicas – no nível biológico, no nível doméstico, no nível residencial e no nível de equipamentos escolares; e considerando também as necessidades sociais – no nível social, no nível familiar e de comportamento sexual, da vida municipal, da vida cívica e da vida ética e espiritual.
2. Identificação das variáveis significativas para o Serviço Social nos fenômenos observados.
3. Identificação de funções correspondentes às variáveis inventariadas.
4. Redução das funções administrativas, de assessoria técnica, assistenciais, conscientizadoras, de criação de recursos, de educação de base mobilizadora, de pesquisa de métodos, de necessidade e planejamento, de política social socializadora de substituição de padrões e terapêuticas.
5. Classificação das funções, num total de 14, divididas em funções-fim e funções-meio; as primeiras oriundas das dimensões educativa, mobilizadora, de educação de base, de substituição de padrões, conscientizadora e, finalmente, socializadora; e as segundas de perspectiva curativa, descritas com base nas discussões sobre assessoria técnica, pesquisa, planejamento, administração e política social (CBCISS, 1988).

Ainda segundo os relatos do CBCISS (1988), o seminário trouxe, na segunda parte da abordagem da metodologia do Serviço Social, novas propostas acerca dos processos do "fazer profissional", com base nas reflexões acerca da necessidade como geradora de demandas para que se possibilitasse o desenvolvimento da função; nessa medida, a discussão reflete que, com base em determinada necessidade, há a manifestação de uma ou mais variáveis significativas, que, por sua vez, geram dado fenômeno – o objeto profissional do Serviço Social. A intervenção profissional estaria relacionada aos fenômenos coletivos e individuais.

Os **fenômenos coletivos**, que transcendem a capacidade dos indivíduos, exigem intervenção destes em nível estrutural – o que significa que a sociedade (e também o indivíduo) se fortalece com as demandas reivindicadas no nível coletivo –, sendo exemplo as pessoas em situação precária de direitos (favelas, desemprego etc.). Já os **fenômenos individuais** – demandas oriundas da necessidade individual do cidadão, como emprego, habitação, entre outras – estão relacionados à relevância da análise e considera a estrutura envolvida. No que diz respeito à investigação e ao diagnóstico, o estudo do objeto de intervenção do Serviço Social se faz presente, e este considera os seguintes aspectos (CBCISS, 1988):

- levantamento das necessidades;
- levantamento de variáveis significativas de cada necessidade;
- verificação da relevância do fenômeno;
- verificação da interdependência das variáveis;
- formulação de hipóteses;
- com bases nas definições de hipóteses determina funções, escalas e formação de atuação.

A intervenção profissional, ainda segundo os dados ofertados nos registros do CBCISS (1988), era feita por meio da montagem de um plano de intervenção, que considerava a investigação e o diagnóstico e, assim, definia as etapas do plano de intervenção, como:

- fenomenologia das variáveis relevantes;
- relevância do fenômeno – estrutura e indivíduo;
- implantação e execução do plano;
- avaliação.

Tais discussões traduziram o movimento da categoria naquele tempo histórico, obviamente limitado por uma séria de circunstâncias, mas, mesmo assim, ofertaram condições de reflexão acerca da realidade do trabalho profissional, suas idiossincrasias, relevâncias e necessidades. Tais reflexões trouxeram outras inquietações que tiveram seu protagonismo nos encontros vindouros promovidos pela categoria profissional.

> **Questões para reflexão (II)**
>
> 1. Destaque os temas debatidos pelo Seminário de Teresópolis.
> 2. Cite as cinco etapas ocorridas no Seminário de Teresópolis.
>
> **Dica**: Atente para os objetivos do Encontro de Teresópolis e sua preocupação com a metodologia do trabalho do assistente social.

2.2.3 Os seminários de Sumaré e Alto da Boa Vista

Os seminários de Sumaré (1978) e de Alto da Boa Vista (1884), assim como os de Araxá e Teresópolis, foram elaborados pelo CBCISS. A intenção de ambos era promover a ruptura com o conservadorismo do Serviço Social, incentivada pelos documentos anteriores, de Araxá e Teresópolis, e também pelas transformações sociais do período, marcado pela luta por direitos sociais: diversos movimentos sociais se colocavam frontalmente contra as desigualdades sociais instituídas.

O Seminário de Sumaré aconteceu no período de 20 a 24 de novembro de 1978. Nele, duzentos e setenta e seis participantes efetivamente convidados deram prosseguimento às discussões empreendidas acerca da teorização do Serviço Social e às que emergiam no seio da categoria profissional, também em consequência dos seminários anteriores.

O encontro, segundo o CBCISS (1988), proporcionou a abordagem de pontos de questionamento, entre os quais podemos destacar:

- o Serviço Social numa perspectiva do método científico de construção e aplicação;
- o Serviço Social com base em uma abordagem de compreensão-interpretação fenomenológica do estudo científico;
- o Serviço Social com base em uma abordagem dialética.

Quanto aos temas abordados, o Seminário de Sumaré trouxe à tona questões que repercutiam no "fazer" profissional do assistente social – logo, em muito inquietavam a categoria. Entre esses tópicos, de acordo com o CBCISS (1988), é necessário destacar:

- **O Serviço Social e a cientificidade**: Esse tema estava direcionado à necessidade de conceituar a cientificidade, considerada uma "ideia reguladora, e não um modelo determinado"; assim, tomou o saber científico como aquisição de saber, aperfeiçoamento de metodologia e elaboração de uma norma.
- **O Serviço Social e a fenomenologia**: Nas discussões sobre esse assunto, os estudos fenomenológicos foram apresentandos como referência, como ciência do senso comum (do que foi vivido), que considera o vivido numa abordagem de reflexão, e não explicação. Partiu-se da premissa de que é necessário compreender o objeto ou o fato para, assim, considerar os fenômenos, fonte de discernimento nas escolhas. Para tal, é necessário discernir, escolher, selecionar, separar e agrupar. Nesse sentido, cabe acrescentarmos que o referido ponto de vista não alcançava perspectiva de compreensão da totalidade.
- **O Serviço Social e a dialética**: As discussões sobre esse tema consideraram a dialética a base do diálogo e da discussão, na perspectiva do enfrentamento da realidade, colocado de forma crítica. Nesse sentido, a realidade deve ser analisada para, assim, ser decifrada para além dos dados aparentes, o que possibilita a presença da categoria *totalidade*.

Já o Seminário de Alto da Boa Vista aconteceu em 1984 e contribuiu com os demais seminários de teorização, bem como os complementou.

Esse evento é considerado marcante e propiciou o fomento ao debate que lançaria outros olhares acerca das matrizes teóricas e filosóficas do Serviço Social. Nesse sentido, o encontro se constituiu em marca da renovação do Serviço Social na perspectiva teórica de ação, bem como de seus processos de análise da realidade social.

Foi a partir desse seminário que o Serviço Social aderiu ao materialismo histórico dialético, bem como aos conceitos formulados por essa vertentente teórica para a interpretação da realidade social. Tal aproximação culminou, em certa medida, na proposta e consequente elaboração do **Código de Ética de 1986**, no qual a perspectiva crítica se faz presente tanto nas premissas que delinearam a relação do Serviço Social com a atuação/ação profissional quanto no olhar para suas bases teóricas para além dos hemisférios conservadores que permeavam os redutos da categoria desde sua gênese nas terras brasileiras. Como uma das consequências das mudanças oriundas dos debates e reflexões do encontro, os profissionais começaram a produzir mais conhecimento, o que permitiu complementar a base teórica para além das ciências sociais aplicadas.

É importante salientarmos que os encontros/seminários, que se confirmaram em documentos que ampararam o fazer do profissional de Serviço Social por considerável período, antecederam o Código de Ética do Assistente Social, publicado em 1986. Esse documento, que trazia uma defesa da perspectiva dialética, mesmo que à luz de autores que não se pautavam diretamente na teoria de Marx, foi considerado um avanço para a época. Entretanto, precisamos destacar que foi efetivamente com o **Código de Ética de 1993** que o Serviço Social assumiu a teoria crítica pautada no materialismo histórico dialético, rompendo com as premissas conservadoras de outros matizes de pensamento.

É importante enfatizarmos ainda que as novas bases que passaram a fundamentar a leitura da realidade para o Serviço Social são oriundas também de vários movimentos do contexto social, bem como de encontros que emergiram no seio da categoria profissional. Como exemplo exponencial, tem-se a importante realização do III Congresso Brasileiro de Assistentes Sociais, realizado na cidade de São Paulo em 1979, e que ficou conhecido como o *Congresso da Virada*. Esse evento propiciou a inauguração de um novo panorama da profissão e de seus compromissos com a sociedade, sobretudo com relação à defesa da classe trabalhadora.

Assim, na seção seguinte, trataremos sobre esse momento exponencial do Serviço Social na realidade brasileira.

> **Questões para reflexão (IV)**
>
> 1. Faça uma abordagem de pontos de questionamento ocorridos no Seminário de Sumaré.
> 2. O Seminário de Sumaré trouxe à tona questões que repercutiam no "fazer" profissional do assistente social. Destaque-as.
> 3. Destaque os elementos relevantes e os resultados do Seminário de Alto da Boa Vista.

2.3 Conquistas e limites do movimento de ruptura no Serviço Social: do Movimento de Reconceituação às perspectivas contemporâneas

Com o objetivo de caminharmos para as considerações acerca do movimento de ruptura no Serviço Social, convidamos você a revisitar o entendimento do conceito de *reconceituação* e *reconceituar*:

> Reconceituar significa "conceituar de novo", e isto supõe a existência de conceitos velhos ou que precisam ser revistos ou substituídos. De início, a reconceituação nasceu do desejo de superar o Serviço Social tradicional, que foi transplantado da Europa e dos Estados Unidos, e adequá-lo à realidade latino-americana. Realidade de um continente subdesenvolvido e dependente. (Aguiar, 1995, p. 120)

As conquistas advindas do Movimento de Reconceituação a serem destacadas são:

- A criação da revista *Debates Sociais*, em 1965, que trouxe uma inovação à então produção da época.
- O 1º Seminário de Teorização do Serviço Social, do qual resultou o Documento de Araxá, cujos frutos trouxeram à tona, de forma imediata, a necessidade de novos encontros e de diferentes motivações à categoria profissional.
- Organização e elaboração de encontros regionais para discutir o Serviço Social, originando um desejo no seio da categoria profissional de se manter atenta às demandas oriundas da realidade, bem como o intuito de promover mudanças.
- Os Seminários de Teresópolis, Sumaré e Alto da Boa Vista, com novas oportunidades para reflexões sobre o pensar e o fazer do profissional de Serviço Social e sobre suas demandas cotidianas.
- O Código de Ética e sua implementação na realidade social.

As limitações desse processo devem-se ao contexto social em meados de 1965, período em que a sociedade se reorganizava na luta por ampliação de direitos e por melhores condições de vida. Nesse cenário, ainda permeava a ideologia do capital, bem como a ideologia da igreja, sobre a qual, apesar da presença dos movimentos sociais, pairavam os ranços do conservadorismo predominante. Não interessava a essas instituições que a população empobrecida alçasse voo em direção aos direitos sociais e a melhores condições de vida, visto que a situação era devidamente servil aos interesses em voga.

No que diz respeito ao Serviço Social, as principais correntes teórico- -filosóficas presentes nesse processo de trabalho se vinculavam ao positivismo e à fenomenologia. Contudo, cabe destacarmos que elas não davam conta da interpretação das demandas apresentadas pela realidade dinâmica, permeada de contradições e necessidades prementes oriundas da classe trabalhadora.

A partir da década de 1970, o Serviço Social se propôs à discussão acerca de novas matrizes teórico-metodológicas que pudessem fundamentar seu processo de trabalho, demanda que se consubstanciou na adesão ao materialismo histórico dialético, ainda com certa resistência por parte de alguns profissionais da categoria. Essa abordagem, antes da década de 1980, colocava-se como algo novo, inacabado e permeado de leituras insuficientes. Trocando em miúdos, as leituras empreendidas pela categoria profissional ainda se colocavam distantes dos referenciais necessários ao entendimento das matrizes de pensamento que traduziriam a inequívoca articulação do rompimento com o conservadorismo.

Cabe um especial destaque à realização do III Congresso Brasileiro de Assistentes Sociais, ocorrido em 1979, o chamado *Congresso da Virada*, o qual já mencionamos. Esse evento se configurou como um grande levante da categoria profissional em defesa da classe trabalhadora, aglutinando com o movimento dos trabalhadores forças que pudessem se contrapor à ordem autoritária e ditatorial vigente. O Congresso da Virada representa um marco no rompimento com o conservadorismo e, instituindo o *pluralismo político*, propiciou uma nova configuração em várias dimensões e instituições de organização vinculadas ao Serviço Social, como a ABESS – hoje ABEPSS – e o Conselho Federal de Serviço Social (CFESS) (Netto, 2003).

O Serviço Social passou a nutrir-se de leituras e referenciais traduzidos segundo vieses insuficientes do materialismo histórico-dialético – a interpretação dos referenciais de Karl Marx era ainda uma descoberta a ser feita em períodos posteriores. Assim, essa leitura equivocada não foi capaz de fazer com que a categoria profissional avançasse rumo à ruptura, mantendo o velho olhar embaçado da realidade social. Cabe acrescentarmos, ainda, que o real rompimento com a vertente conservadora só ocorreria nos anos 1990, com a propositura do projeto hegemônico da profissão.

Outro aspecto importante que limitava, e ainda limita, a atuação profissional é o posicionamento do Estado diante das demandas sociais: a questão social, em suas diversas expressões, faz com que o Estado ainda se paute pela ideologia econômica e, assim, crie as políticas sociais como estratégias de respostas a essas demandas. Trata-se de uma insuficiência que não responde às necessidades da classe que vive do trabalho, conforme foi possível verificar nas discussões trazidas no primeiro capítulo.

Assim, a principal conquista do Movimento de Reconceituação foi provocar os calcanhares da categoria profissional a percorrer um caminho em busca do reconhecimento social da profissão, o que ocorreu, conforme já destacado anteriormente, por meio da legitimação profissional, fundamentada na Lei n. 8.662, de 7 de junho de 1993, e do Código de Ética de 1993. A partir daí, houve a ampliação da inserção do assistente social em diversos espaços sócio-ocupacionais e, por consequência, a alteração das diretrizes curriculares nacionais, diretamente vinculadas à questão da formação profissional em Serviço Social.

Apesar das conquistas serem fundamentais para a profissão, vale enfatizarmos que a conjuntura da sociedade – a destacar, os fatores políticos, culturais e econômicos – impõe constantes limitações que reverberam no fazer profissional, pois, cada vez mais, o Estado se desresponsabiliza de seu dever para com a sociedade e a categoria *trabalho* está cada vez mais desregulamentada e banalizada, o que reflete de forma direta em vulnerabilidades à classe que vive do trabalho.

Esse contexto de neoliberalismo faz com que o fazer profissional, bem como o processo de trabalho do assistente social, torne-se um desafio, pois as políticas sociais têm um caráter cada vez mais focalizado e imediatista. Tal contexto também precariza as condições de trabalho do assistente social.

Diante disso, o Serviço Social se coloca na vanguarda na luta em favor dos direitos da classe trabalhadora por meio de posicionamentos que reivindicam o respeito a seus princípios e valores, que coadunam com as necessidades dessa coletividade, desenhados pela defesa da liberdade como valor ético central, bem como da equidade, da justiça social, dos direitos humanos e de outros elementos essenciais que devem estar presentes no cotidiano do ser social.

Nas palavras de Iamamoto (2000, p. 192, grifo do original),

O que está em questão não é a subordinação utilitária da qualificação profissional às oscilações do mercado, mas **uma sintonia necessária** entre a formação e as demandas sociais objetivas apresentadas à profissão, salvaguardando a aliança entre a análise histórica do Estado e da sociedade contemporâneas – que permita decifrar as demandas profissionais e as tendências de mercado de trabalho – e a construção teórico-prática de respostas profissionais críticas em face desse mercado. Respostas solidamente elaboradas no campo teórico e das estratégias técnico-políticas, capazes de reconhecer e atender àquelas demandas para transcendê-las, reencontrando e recriando o Serviço Social no tempo histórico.

Todas essas bandeiras de luta confirmam que essa profissão tem um projeto hegemônico, que recebe o nome de *Projeto Ético-Político do Profissional de Serviço Social* e deve ser defendido no cotidiano das instituições e espaços sócio-ocupacionais. Dessa forma, esse documento ganha a necessária dinamicidade que lhe confere a condição de defesa; logo, de existência e materialização.

Questões para reflexão (V)

1. **Destaque as principais conquistas advindas do Movimento de Reconceituação.**
   Dica: Atente para o processo político-econômico que ocorreu durante o movimento de reconceituação para que o entendimento possa ficar ainda mais fortalecido.

2. **Quais as principais correntes teórico-filosóficas presentes no processo de trabalho no período do Movimento de Reconceituação?**
   Dica: Lembre-se de que as respostas constituem importantes elementos de reflexão para o Serviço Social e incidem sobre debates ainda presentes na cotidianidade.

2.4 O Projeto Ético-Político da profissão: desafios e perspectivas contemporâneas

A atuação do profissional de Serviço Social no cenário brasileiro é resultado de diversas determinações decorrentes da inserção histórica da profissão na realidade social, econômica e política e de seu posicionamento na divisão social e técnica do trabalho, fruto de uma construção coletiva do Projeto Ético-Político da profissão, ou projeto hegemônico do Serviço Social.

Junta-se ao projeto profissional a Lei de Regulamentação Profissional (Lei n. 8.662/1993), bem como a construção dos fundamentos históricos e teórico-metodológicos específicos para o Serviço Social e a capacidade de enfrentamento da questão social e de suas expressões em múltiplas realidades presentes no cotidiano profissional, de forma muito peculiar e particular.

Conforme já destacado no Capítulo 1, a questão social figura como um dos eixos fundantes da profissão, sendo necessário seu deciframento, assim como o de seus determinantes e de suas múltiplas expressões, por meio da apropriação de fundamentos oriundos das dimensões teórico-filosóficas, ético-políticas e técnico-operativas que ofereçam substrato para empreender a leitura crítica da realidade social. Segundo Iamamato (2000, p. 114),

> Decifrar os determinantes e as múltiplas expressões da questão social, eixo fundante da profissão, é um requisito básico para avançar na direção indicada. A gênese da questão social encontra-se enraizada na contradição fundamental que demarca esta sociedade, assumindo roupagens distintas em cada época: a produção, cada vez mais social, que se contrapõe à apropriação provada do trabalho, de suas condições e de seus frutos.

Assim, é preciso que o assistente social esteja atento para criar, propor e, muitas vezes, redescobrir alternativas e possibilidades para o trabalho dentro do cenário em que atua, considerando todas as particularidades e singularidades presentes.

Faz-se necessária a formulação de propostas capazes de enfrentar a questão social expressas sob múltiplas figurações. Também é necessário que essas proposições se distanciem de práticas que visam à atuação do profissional com um "executor de políticas de gestão da pobreza", que apenas particularizam, individualizam e diminuem as situações de vulnerabilidade social, deixando de abordar a questão social de frente. Isso requer o conhecimento da realidade para além do aparente, exigindo que se adentre o mundo submerso pelas contradições cotidianas.

O Projeto Ético-Político do Profissional de Serviço Social, na condição de um projeto societário, vai na contramão dos projetos que têm por objetivo a manutenção das desigualdades sociais.

Os projetos societários, nas palavras de Netto (2003, p. 4), "são projetos coletivos, e que apresentam uma imagem da sociedade a ser construída, que reclamam determinados valores para justificá-la e que privilegiam certos meios (materiais e culturais) para concretizá-la".

Para o autor, os projetos societários convivem em sociedade, sendo fruto da democracia política, mas não são necessariamente solidários e tampouco requerem uma mesma direção política.

Assim, podemos constatar que em sociedade existem e convivem muitos projetos, os quais apresentam uma dimensão política, inferindo, assim, relações de poder na dinâmica cotidiana.

Para Netto (2003, p. 3):

> Compreende-se, sem grandes dificuldades, que a ocorrência entre diferentes projetos societários é um fenômeno próprio da democracia política. Num contexto ditatorial, a vontade política da classe social que exerce o poder político vale-se, para a implementação do seu projeto societário, de mecanismos e dispositivos especialmente coercitivos e repressivos. É somente quando se conquistam e se garantem as liberdades políticas fundamentais (de expressão e manifestação do pensamento, de associação, de votar e ser votado etc.) que distintos projetos societários podem confrontar-se e disputar a adesão dos membros da sociedade.

Logo, fica evidente que nem todo projeto societário tem como meta ou princípio compromissos com a sociedade de forma plural ou com valores voltados para cidadania, justiça social, direitos humanos e outros deflagrados pelos compromissos do Serviço Social. Assim, os projetos que têm como objetivo a defesa da classe trabalhadora ou dos direitos das minorias numa sociedade capitalista tendem a enfrentar resistências de grupos organizados e defensores de demandas que visam à permanência, manutenção e aguçamento do capital. Logo, esses projetos que buscam a alteração da ordem política, econômica e financeira tendem a colidir com aqueles desenvolvidos por segmentos que defendem a manutenção do poder – político, econômico ou financeiro.

Desse modo, podemos afirmar que, às profissões que têm como meta a defesa da dignidade humana, de forma ampla e irrestrita, resta edificar um processo de luta e resistência diante das ofensivas dos interesses do capital, do mundo dos privilégios. Nessa lógica, o Serviço Social se coloca na linha de frente dessas defesas. Nesse sentido, Martinelli (2006, p. 11), assim assevera:

> É fundamental que reconheçamos a importância de nossa profissão ao abrir espaços de escuta para esses sujeitos que, muitas vezes, nem sequer são alcançados por outras profissões. Com frequência somos nós, assistentes sociais, os interlocutores deste segmento que praticamente já não mais interessa a quase ninguém. Homens de rua não votam, imigrantes estão sem trabalho, anciãos não são produtivos sob o ponto de vista do mercado, enfim este é o segmento pensado por muitos como uma população sobrante, sem inserção no mercado de trabalho. Em uma sociedade, como a nossa, que se organiza por essa lógica de mercado, as pessoas são importantes enquanto são produtivas e, quando não produzem, é como se já não fossem nem sequer seres humanos. É impressionante constatarmos como o econômico invade as relações sociais e como certas práticas retiram cidadania dos sujeitos, fragilizando a sua já frágil condição humana. Não dialogam com os sujeitos em sua plenitude, desconsideram a sua consciência política, reduzindo o campo de intervenção do Serviço Social ao mero atendimento pontual da solicitação das pessoas. Nosso ato profissional é muito mais pleno do que o atendimento imediato da solicitação. É muito maior que isso. Certamente, vamos prestar o atendimento, mas tendo até mesmo coragem em alguns momentos de recolher aquele gesto espontâneo da resposta imediata.

A pura constatação é que os projetos que visam à melhoria da superação das vulnerabilidades sociais estão em larga desvantagem. Em contrapartida, os que visam à garantia de privilégios vão sempre demandar o trabalho de profissionais que possam operar na órbita dos descontentes e desprovidos de condições de sobrevivência. Assim, cabe à profissão perseverar firmemente em busca de uma ordem societária cujos valores estejam na medida da necessidade e do pertencimento social do sujeito, até que se alcancem dias em que o atendimento às emergências sociais, as pontualidades, sejam remetidas a referências do passado.

Obviamente, estamos já destacando os desafios da implementação do nosso Projeto Ético-Político, impostos pelas contradições da realidade nas sociedades do capital. Nesse sentido, Martinelli (2006, p. 12) acrescenta que é "assim que temos que pensar a nossa profissão: uma profissão que através de sua intervenção na realidade, de sua interlocução com os movimentos sociais, com os setores organizados da sociedade civil, participa da reconstrução do próprio tecido social".

Mas é preciso destacarmos que existem projetos profissionais que resistem à defesa de interesses particulares, políticos e financeiros. Nesse caso específico, destacamos o **Projeto Ético-Político do Assistente Social**.

Para sermos mais claros, cabe-nos a abordagem da definição de **projeto profissional**. Segundo Netto (2003, p. 4), "inscrevem-se no marco dos projetos coletivos aqueles relacionados às profissões – especificamente as profissões que, reguladas juridicamente, supõem uma formação teórica e/ou técnico-interventiva, em geral de nível acadêmico superior". Para o autor, os projetos societários trazem em si as definições e os contornos das profissões, defendem seus valores e princípios, declaram e publicam seus objetivos, o que podemos chamar de *atribuições* e *competências*.

Nessa medida, os projetos trazem diretrizes que são veiculadas tanto de forma interna à profissão quanto externa, ou social; isso ocorre quando a profissão leva a público seu código de conduta, ou código de ética, que norteia e oferece parâmetros de atuação aos membros da categoria profissional. Ao instituir seu código de conduta, leva à sociedade os elementos fundantes de sua atuação profissional, bem como os elementos que defende e pelo quais luta.

No Brasil, a categoria profissional de assistentes sociais se encontra organizada e as diretrizes da atuação profissional – seu projeto profissional – são amplamente perseguidas e contam com instâncias e órgãos munidos dessa incumbência e responsabilidade. Estamos falando do conjunto integrado pelo CFESS, Conselhos Regionais de Serviço CRESS, ABEPSS, Executiva Nacional dos Estudantes de Serviço Social (Enesso) e outras associações e entidades de representação em nível local dos assistentes sociais.

Para Netto (2003, p. 4-5, grifo do original),

> Os projetos profissionais também são **estruturas dinâmicas**, respondendo às alterações no sistema de necessidades sociais sobre o qual a profissão opera, às transformações econômicas, históricas e culturais, ao desenvolvimento teórico e prático da própria profissão e, ademais, às mudanças na composição social do corpo profissional. Por tudo isso, os projetos profissionais se renovam, se modificam. É importante ressaltar que os projetos profissionais também têm inelimináveis **dimensões políticas**, seja no sentido amplo (referido às suas relações com os projetos societários), seja em sentido estrito (referido às perspectivas particulares da profissão). Porém, nem sempre tais dimensões são explicitadas, especialmente quando apontam para direções conservadoras ou reacionárias. Um dos traços mais característicos do conservadorismo consiste na negação das dimensões políticas e ideológicas.

Logo, os projetos profissionais têm um dinamismo próprio, que reflete o interior de sua categoria profissional e a busca por atualizações de forma sistemática, na tentativa de responder à realidade social de forma coerente com seus valores e princípios.

Para Iamamoto (2008, p. 60, 77, grifo do original), a prática do assistente social encontra-se em uma "**interconecção entre o exercício do Serviço Social e a prática da sociedade**, que, em condições democráticas, capta as múltiplas formas de empreender estratégias eficazes para o enfrentamento às formas em curso e que potencializam as expressões da questão social".

Assim, essa profissão especializada na sociedade não foge de suas determinações, respondendo a elas com os conhecimentos específicos advindos de sua formação, e mesmo atendendo, por vezes, à população em situação de vulnerabilidade social, logra êxito no exercício profissional.

Como profissão de natureza interventiva, muitas são as vertentes que buscam impor uma ação voltada para o imediatismo e para a gestão da pobreza meramente, mas é preciso resistir a essas vertentes em virtude do compromisso assumido coletivamente pela categoria profissional em seu Projeto Ético-Político Profissional, de construção de uma sociedade digna e justa, inclusiva e livre de toda forma de exclusão, arbítrio ou segregação.

Por conseguinte, muito há que se fazer para que se estabeleça uma ordem de proteção social ao cidadão. Este, por sua vez, deve ser entendido como um sujeito de direitos e, como tal, requer atendimentos para além das vulnerabilidades ou emergências, que se baseiem em políticas públicas inclusivas e que visem empoderá-lo de condições humanas e dignas de vida. Esse legado deve-se aos enfrentamentos cotidianos contidos no compromisso profissional – logo, no Projeto Ético-Político do Profissional de Serviço Social.
Conforme nos presenteia Martinelli (2006, p. 14-15),

> Somos profissionais cuja prática está direcionada para fazer enfrentamentos críticos da realidade, portanto precisamos de uma sólida base de conhecimentos, aliada a uma direção política consistente que nos possibilite desvendar adequadamente as tramas conjunturais, as forças sociais em presença. É nesse espaço de interação entre estrutura, conjuntura e cotidiano que nossa prática se realiza. É na vida cotidiana das pessoas com as quais trabalhamos que as determinações conjunturais se expressam. Portanto, assim como precisamos saber ler conjunturas, precisamos saber ler também o cotidiano, pois é aí que a história se faz, aí é que nossa prática se realiza.

Assim, precisamos estar atentos às demandas cotidianas, bem como às forças em questão. Na contemporaneidade, várias são as formas de exclusão, exploração e alienação. A dedicação à busca de conhecimento, à leitura crítica da realidade nos dá condições de criar estratégias de enfrentamento que, no limite, equivale a saber decifrar as questões emergentes no cotidiano e "institui uma particularidade de nossa profissão, pois esta é uma profissão de natureza interventiva, com um profundo significado social" (Martinelli, 2006, p. 15).

Os valores e princípios defendidos pelo Serviço Social, contidos em todos os aparatos legais e diretrizes normativas – a destacar o Código de Ética do Profissional do Assistente Social, a Lei de Regulamentação da Profissão (Lei n. 8.662/1993) e as Diretrizes Curriculares Nacionais para os cursos de Serviço Social –, traduzem o desenho do Projeto Ético-Político do Serviço Social. Esse desenho, então, trava cotidianamente uma resistência às forças conservadoras e oferece uma denúncia que marca o compromisso social dessa profissão.

Segundo Netto (2003, p. 10),

> a luta pela democracia na sociedade brasileira, encontrando eco no corpo profissional, criou o quadro necessário para romper com o quase monopólio do conservadorismo no Serviço Social e que tem como elemento essencial a derrota da ditadura, oferecendo, assim, a condição política para a constituição de um novo projeto profissional.

Destaca ainda o autor que o movimento e as mudanças não se processaram de forma homogênea, uma vez que a profissão, no conjunto de seus trabalhadores, tem suas idiossincrasias; mas há um especial destaque a atuação das **vanguardas** que se colocaram de forma questionadora ao então regime ditatorial vigente (Netto, 2003). Nessa construção, a profissão faz uma pública defesa da classe trabalhadora e, de forma intensa, abraça suas causas. Como enfatiza Neto (2003, p. 10) "rompendo com a dominância do conservadorismo, conseguiram instaurar na profissão o pluralismo político".

Questões para reflexão (VI)

1. **Com base na análise de Netto (2003), defina *projetos societários* e *projetos profissionais*.**
   Dica: Faça uma observação dos projetos societários presentes na realidade social e, com base neles, estabeleça um diálogo com o autor.

2. No Brasil, a categoria profissional de assistentes sociais se encontra organizada e as diretrizes da atuação profissional, bem como seu projeto profissional, são amplamente perseguidas. Nesse sentido, faça uma pesquisa no texto estudado e aponte os órgãos de representação da profissão e seus papéis no cotidiano do Serviço Social.
Dica: Destaque os órgãos que representam a profissão. Faça uma pesquisa, acesse os *sites*!

Síntese

Apresentamos neste capítulo os movimentos empreendidos pela categoria profissional em busca de atualização de sua teoria e metodologia. O processo de ruptura que a profissão desenhou durante o então chamado *Movimento de Reconceituação* traz a intenção dos profissionais, envolvidos com a causa da classe trabalhadora e dos sujeitos que a compõem, de buscar novos rumos para a atuação profissional e o processo de trabalho do assistente social. Não cabe aqui defendermos que o referido processo de ruptura, contido no evento anteriormente citado, deu conta de romper com todos os ditames conservadores da época, mas devemos destacar que ele plantou um germe que frutificaria no período posterior. Trocando em miúdos, os seminários ocorridos na década de 1970 não foram suficientes para edificar um processo de rompimento com o conservadorismo, os privilégios e as tendências parciais no âmbito politico, econômico e financeiro, mas foram capazes de lançar luzes a uma realidade que requeria mudanças substanciais. Assim, os seminários de Araxá, Teresópolis, Sumaré e Alto da Boa Vista propiciaram a aglutinação de profissionais para que, juntos, pudessem empreender debates acerca da teoria e da metodologia do Serviço Social – logo, de seu processo de trabalho. Acresce-se como fonte inspiradora o Congresso da Virada, que trouxe, efetivamente, as efervescências dos debates da vanguarda da categoria profissional. Assim, nos anos 1990, a categoria profissional tornou públicos seus princípios e valores, que foram marcadamente defendidos, ou seja, houve a defesa da liberdade como valor ético central, a equidade, a justiça social, os direitos humanos e outros elementos essenciais para que o cidadão viva com dignidade em sociedade. O Projeto Ético-Político da Profissão traz em si esses valores e princípios, bem como elementos que dão norte normativo aos profissionais, como o Código de Ética do Profissional de Serviço Social, todos articulados a uma formação profissional comprometida. Nessa medida, o Serviço Social contemporâneo traz suas intenções e bandeiras de luta que, em tempos de capital monopolista, reivindicam condições dignas de vida e sobrevivência em sociedade.

Para saber mais

CADERNOS ABESS. **Ensino em Serviço Social**: pluralismo e formação profissional. São Paulo: Cortez, n. 4, 1991. Disponível em: <http://www.abepss.org.br/revista-temporalis/edicoes-anteriores/ensino-em-servico-social-pluralismo-e-formacao-profissional-cadernos-abess-n-04-cortez-sao-paulo-1995-9>. Acesso em: 13 abr. 2017.

Nessa obra você terá acesso aos debates ocorridos no período de 1990, quando a fenomenologia foi colocada com base em suas premissas filosóficas e inserida no Serviço Social.

FALEIROS, V. de P. Reconceituação do Serviço Social no Brasil: uma questão em movimento? **Revista Serviço Social & Sociedade**, São Paulo, ano XXVI, n. 84, p. 21-36, nov. 2005.

O autor apresenta o processo de reconceituração do Serviço Social no Brasil, discutindo o movimento de implementação de novos paradigmas no fazer profissional do assistente social.

KAHN, A. J. (Org.). **Reformulação do Serviço Social**. Rio de Janeiro: Agir, 1984.

Nessa obra você terá acesso ao debate empreendido na década de 1980, bem como em períodos anteriores, quando o processo de reformulação do Serviço Social foi perseguido por meio da realização de encontros e seminários.

MONTAÑO, C. Um projeto para o Serviço Social crítico. **Katálysis: Revista do Programa de Pós-Graduação em Serviço Social da UFSC**, Florianópolis, v. 9, n. 2, p. 141-157, jul./dez. 2006. Disponível em: <www.scielo.br/pdf/rk/v9n2/a02v09n2.pdf>. Acesso em: 13 abr. 2017.

Nesse artigo você poderá adentrar as discussões acerca do debate contemporâneo a respeito das transformações sociais, os elementos adicionados pela lógica neoliberal e os desafios impostos à classe trabalhadora e aos sujeitos em condição de vulnerabilidade social. Nesse contexto, o Projeto Ético-Político do Profissional de Serviço Social surge como mecanismo de contraponto à ordem estabelecida pelo grande capital e, assim, deflagra princípios e valores profissionais que mantêm a profissão coerentemente contra toda forma de exclusão e subalternidade.

Questões para revisão

1. Sobre o Movimento de Reconceituação, é possível afirmar:
    a) Traduz os anseios dos profissionais reunidos nos encontros de Araxá, Teresópolis, Sumaré e Boa Viagem.
    b) Reflete as diretrizes do capital financeiro, econômico e político em defesa de interesses específicos do assistente social.
    c) Reflete a organização e a elaboração de encontros regionais para discutir sobre o Serviço Social, originando o desejo no seio da categoria profissional de se manter atenta às demandas oriundas da realidade, bem como o intuito de promover mudanças.
    d) Defendia a ideologia do capital, bem como a ideologia da Igreja, apesar da presença dos movimentos sociais.
    e) Promoveu debates acerca da necessidade da permanência das premissas conservadoras, por meio da legitimação profissional fundamentada na Lei n. 8.662/1993 e no Código de Ética de 1993.

2. Conforme anunciado no texto, o serviço social se constitui em profissão de natureza interventiva, e muitas são as vertentes que buscam impor uma ação voltada para o imediatismo e para a gestão da pobreza meramente, mas essas vertentes encontram resistências diante do compromisso assumido coletivamente pela categoria profissional em seu Projeto Ético-Político Profissional, que visa à construção de uma sociedade digna, justa, inclusiva e livre de toda forma de exclusão, arbítrio ou segregação. Para que tais mudanças ocorressem, foram necessários movimentos de ruptura. Nesse sentido, analise e assinale a alternativa **incorreta**:

   a) O projeto de ruptura coaduna com as forças produtivas capitalistas centradas no monopólio a serviço da classe trabalhadora.
   b) O projeto de ruptura reuniu profissionais de vanguarda que se contrapunham aos regimes totalitários e antidemocráticos.
   c) Para a ruptura com o Serviço Social tradicional, foram realizados os seguintes seminários, ou encontros: o Seminário de Araxá, o Seminário de Teresópolis, o Seminário de Sumaré e o Seminário de Alto da Boa Vista.
   d) O Movimento de Reconceituação teve como objetivo aglutinar a categoria profissional como forma de propor novos rumos para mudanças no que se refere à teoria e à metodologia do Serviço Social.
   e) O projeto de ruptura reflete os anseios da categoria profissional na implementação do usufruto dos direitos do cidadão, bem como a contraposição a toda forma de preconceito.

3. Assinale a alternativa que corresponda ao desafio para a implementação do projeto profissional do assistente social:

   a) Os projetos profissionais visam à melhoria da superação das vulnerabilidades sociais.
   b) Os projetos profissionais estarão em larga desvantagem, uma vez que muitos deles têm intenções de manutenção da ordem econômica e burguesa.

c) Os projetos profissionais são comprometidos e operam na órbita dos descontentes e desprovidos de condições de sobrevivência.
d) Os projetos profissionais como o do profissional de Serviço Social estão a serviço da democracia, da cidadania e do extermínio da exclusão.
e) Os projetos profissionais se constituem princípios e valores amplamente defendidos pela categoria profissional.

4. Com base nas discussões empreendidas sobre o Projeto Ético-Político do Profissional de Serviço Social, destaque três pontos relevantes acerca do seu compromisso para com a sociedade contemporânea.

5. Com base na abordagem de Martinelli (2006) acerca do panorama atual da atuação do assistente social, destaque os desafios encontrados pela profissão.

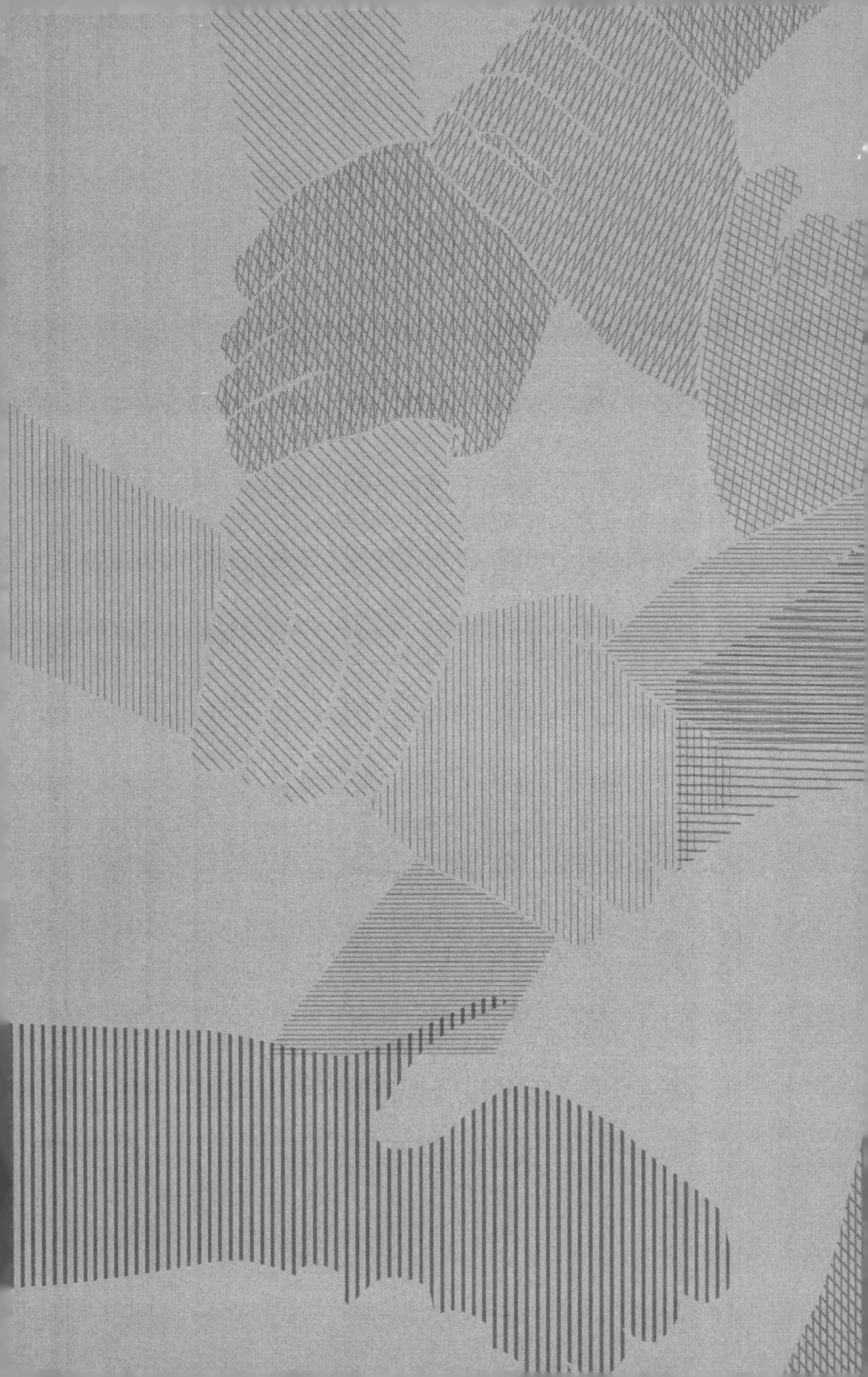

CAPÍTULO 3

A prática profissional do Serviço Social na contemporaneidade

Conteúdos do capítulo:
- A prática profissional do assistente social.
- O profissional de Serviço Social e sua inserção nas políticas públicas.

Após o estudo deste capítulo, você será capaz de:
1. identificar a atuação do profissional de Serviço Social nas políticas públicas;
2. entender a prática profissional do assistente social e suas contradições na sociedade capitalista;
3. apreender a dinâmica das relações profissionais como mecanismo da materialização das dimensões teórico--metodológica, ético-política e técnico-operativa no Serviço Social.

Pensar a prática profissional do assistente social nos remete, de forma imediata, à ação do assistente social, ao seu cotidiano e ao seu processo de trabalho. Nesse sentido, utilizaremos as terminologias *fazer* e *prática profissional* como sinônimas.

O assistente social, inserido na divisão social e técnica do trabalho, vende sua força de trabalho e tem como resultado desse processo o salário. Ele entrega ao empregador seu valor de uso ou mesmo o direito de "consumi-lo" durante um tempo determinado, ao que comumente chamamos *jornada de trabalho*. Durante o período de trabalho, o assistente social submete sua ação criadora às políticas, às diretrizes, aos objetivos e aos recursos da instituição empregadora. Porém, as respostas profissionais serão dadas por sua competência na leitura das relações sociais, por seu acompanhamento dos processos sociais e pelos vínculos sociais estabelecidos com os usuários. A esse respeito, Iamamoto (2000, p. 97) afirma que, "tendo como instrumento básico de trabalho a linguagem, as atividades desse trabalhador especializado encontram-se intimamente associadas à sua formação teórico-metodológica, técnico-profissional e ético-política".

Dessa forma, a prática profissional (ou *processo de trabalho*) está integrada a conhecimentos, valores e símbolos. Assim, conforme Nicolau (2004, p. 85-86):

> O fazer profissional do assistente social é definido como atividade, ou próprio trabalho fazendo parte de determinado processo de trabalho historicamente construído e socialmente determinado pelo jogo das forças, que articulam uma dada totalidade social. A inserção dessa atividade, em processo de trabalho, é feita segundo sua caracterização como forma particular de serviço que se concretiza em espaços institucionais, visando à reprodução material no processo de produção das relações sociais. Assumindo essa particularidade, o trabalho do assistente social incide sobre a consciência dos outros indivíduos sociais e de si próprio, objetivando a mudança de atos e comportamentos.

Assim, o assistente social tem no seu cotidiano os desafios inerentes à classe trabalhadora, logo, é permeado de desafios e contradições. Nesse sentido, adentrar nessa discussão poderá fomentar o espírito crítico, imprescindível à formação profissional.

3.1 A prática profissional do assistente social e suas implicações no processo formativo

Verifica-se no cotidiano que, principalmente para as profissões que têm objetivos de intervenção direta no campo social, há o risco de a formação acadêmica tornar-se abstrata quando desvinculada do processo histórico e de sua construção. Conforme essa lógica, está claro que o assistente social deve ter uma formação em que o discurso da prática não esteja distante da teoria, visto que teoria e método "são definidos pelas prioridades estabelecidas no jogo das forças nos diversos níveis da totalidade social" (Nicolau, 2004, p. 84).

A formação do assistente social e seu exercício profissional tem uma construção sócio-histórica: formação e exercício profissional estão articulados à prática social e são reflexos da história, da cultura e do jogo de interesses. Logo, deve-se ter em mente que o profissional, em sua prática cotidiana, irá se confrontar com a prática da instituição empregadora, sendo esse o local onde seu trabalho será concretizado.

Cabe, neste momento, trazermos para nossa discussão a importância da luta da categoria no processo de desenvolvimento do Serviço Social por meio de seus movimentos, de suas principais publicações e das lutas profissionais, ou seja, pela luta dos profissionais de Serviço Social para o alcance da efetivação do Projeto Ético-Político do Profissional de Serviço Social, pautado na apreensão do conhecimento e na teoria crítica marxista. Esses elementos auxiliam no processo de desvendamento crítico da realidade social e na busca de formas de enfrentamento das mazelas da questão social, juntamente com seus usuários, em defesa de uma sociedade mais justa e igualitária, com espaço e oportunidades iguais a homens e mulheres, adultos e crianças, negros e brancos, jovens e idosos etc.

Para Rodrigues (2001), a prática cotidiana do assistente social supõe a necessidade de reaprender a realidade constantemente, dada a sua complexidade. Essa apreensão requer diferentes análises e aproximações que, embora se correspondam, não levam a uma única teoria. Assim, podemos afirmar:

> A prática profissional traduz-se por um conjunto de ações imersas na complexidade das relações micro e macrossocial. Há uma tensão e uma solidariedade oculta entre os planos micro e macrossocial; a organicidade desses planos nos conduz à necessária conjugação de seus elementos constituintes [...], que mantêm contínua ligação, interação e interdependência entre si, entre partes e todo, todo e partes. (Rodrigues, 2001, p. 3)

Para Nicolau (2004, p. 85), "no fazer profissional, o assistente social tem por objetivo elaborar sínteses complexas que articulam condições e possibilidade pessoal, grupal, relacional e institucional e a formação específica recebida".

Assim, conforme verificamos, faz-se necessário compreender que a prática profissional do assistente social é definida como atividade ou parte de determinado processo de trabalho historicamente construído e socialmente determinado. Os profissionais da área assumem, então, uma posição teleológica, o que se reflete no olhar sobre a vida pessoal e profissional dos indivíduos, alvo de sua atenção. Tendo como base a realidade vivida por essas pessoas, eles "propõem intencionalidade e objetivos a seu projeto inicial" (Nicolau, 2004, p. 88).

Nessa medida, o profissional, pela mediação de seu fazer profissional (ou processo de trabalho) entre os objetivos e as intencionalidades, tem a finalidade de transformar seu trabalho em produto teleológico, ou seja, em um resultado diferente do projeto inicial. Assim, podemos afirmar que esse profissional, de acordo com a realidade, é capaz de se reconstruir por meio de seu trabalho, com novos conhecimentos e novas ideias.

Sabe-se que o campo político-ideológico é o espaço do trabalho do assistente social; "é base material que, no processo histórico de produção, dialeticamente determina o próprio ato de instituir os produtos e definir teleologia" (Nicolau, 2004, p. 88). É por meio do trabalho que o ser humano se relaciona com os outros, relação que o define como indivíduo social, visto que a experiência do trabalho é, para o cidadão, fonte de informação.

A respeito do que tratamos no parágrafo anterior, ensina Nicolau (2004, p. 91):

> As informações sobre um trabalho profissional abarcam, portanto, uma gama complexa de fontes e ideias acerca dessa atividade e de suas características. Veiculam uma polaridade de discursos (teórico, histórico, político e ideológico) sobre esse fazer profissional suas características e finalidades, bem como sobre a formação requerida para o mesmo, as exigências, condições e relações que devem caracterizá-la.

O processo de trabalho, ou prática profissional, está carregado de conhecimentos, de finalidades, de projetos de formação – no caso do Serviço Social, do Projeto Ético-Político da categoria. Assim, o trabalho profissional não se constitui em um bloco apenas, mas em uma síntese de ideias e espaços muitas vezes carregados de antagonismos.

Para o Serviço Social, essa leitura é de suma importância, visto que o fazer profissional dos assistentes sociais deve ser entendido de acordo com sua historicidade e sua contextualidade, levando em conta, inclusive, o contexto da origem dessa profissão, bem como as diversidades políticas, teóricas e éticas e o debate do saber fazer da categoria (Nicolau, 2004).

A prática profissional do assistente social, bem como sua formação, estão articulados com a totalidade social, ou seja, seus movimentos e suas relações são constituídos segundo condições apresentadas por essa totalidade (histórica, teórica e dos sujeitos). Sabemos, no entanto, que a escolha teórica de uma profissão não é neutra, pois deve responder a interesses presentes no fazer profissional e estar articulada a forças históricas demarcadas no tempo e no espaço.

> O processo formativo do Serviço Social supõe a transmissão de teorias, ou seja, de pressupostos que encaminham a compreensão, a explicação e a interpretação de objetos definidos como próprios a este fazer profissional. O fazer profissional, por sua vez, tem na prática seu espaço privilegiado [...]. (Nicolau, 2004, p. 95)

Devemos ainda evidenciar que os saberes construídos na prática e na formação profissional do assistente social não são antagônicos. Durante sua formação, o profissional se apropria de códigos que expressam ideias, as quais são configuradas na prática. Entretanto, ainda tem-se um discurso, muitas vezes enunciado por "profissionais considerados da prática", a destacar o caso da experiência com supervisores de campo (estágio em Serviço Social), de que, na prática, a teoria não funciona, ou de que, "na prática, a teoria é outra". É importante que em sua ação profissional os assistentes sociais articulem suas tarefas aos movimentos da sociedade e da profissão para que não se tornem meros executores.

A ausência de uma compreensão de que a teoria é constituída com base nas experiências da prática mostra, segundo Nicolau (2004), elementos que:

- restringem o valor e a importância da formação profissional;
- restringem o valor e a importância do trabalho profissional;
- ratificam a dicotomia entre teoria e prática.

A discussão que trata da dicotomia entre teoria e prática no Serviço Social nos conduz à retomada das questões que permearam a inserção do Serviço Social na divisão social e técnica do trabalho. A profissão foi historicamente considerada como basicamente técnica, ou seja, como profissão da intervenção, e não da produção do conhecimento. Esses conceitos distorcidos da realidade da profissão foram quebrados por duros embates e pelo empenho por parte da categoria profissional, sobretudo a partir das décadas de 1980 e 1990.

Apesar das críticas apresentadas, o Serviço Social contemporâneo tem alcançado, por meio de discussões teórico-metodológicas, éticas e políticas, principalmente na compreensão do movimento da sociedade burguesa, avanços na formação e no exercício profissional.

Indicadores demonstram que, embora sejam presentes as limitações no cotidiano profissional, os assistentes sociais vêm superando a dicotomia entre a prática profissional e os princípios e valores do Projeto Ético-Político: "considero que estes vêm sendo cotidianamente tecidos, engendrados e exercitados pelos assistentes sociais brasileiros. Muitos requisitos à materialização do Projeto

Ético-Político estão sendo processualmente implementados no âmbito da seguridade social" (Boschetti, 2004, p. 111).

> **Questões para reflexão (I)**
>
> 1. **Por que os valores constituídos na formação e na prática do Serviço Social não podem ser antagônicos?**
>   Dica: Lembre-se da relação entre teoria e prática.
>
> 2. **O fazer profissional está carregado de conhecimentos, de finalidades, de projetos de formação (no caso do Serviço Social, do Projeto Ético-Político Profissional). Considerando essa afirmativa, como devemos enxergar o fazer profissional do assistente social?**
>   Dica: Lembre-se da intervenção como trabalho.

3.2 Política social como espaço de intervenção do assistente social

Durante o longo desenvolvimento da sociedade capitalista, observamos que muitos cidadãos que vendem sua força de trabalho não têm recebido como renda direta valor suficiente para a satisfação de suas necessidades básicas e de sua família. Assim, a satisfação das necessidades do trabalhador e de seus familiares, como educação, saúde, assistência social etc., passa a depender de ações governamentais.

A ação do Estado é realizada por meio das políticas sociais, mas é importante compreender que o modelo de Estado tem relação direta com a possibilidade de acesso a essas iniciativas. Como é sabido, o Estado nem sempre existiu: a sociedade foi responsável pela sua criação; ele "só se tornou uma instituição verdadeiramente política, com ascendência sobre as demais instituições, no século XVII, quando adquiriu *persona* própria, separada da *persona* do governante e das influências religiosas" (Pereira, 2008, p. 135).

Podemos afirmar, assim, que a concepção de Estado é histórica e relacional. Historicamente, nós o compreendemos como não absoluto e alterável, visto que os fatos sociais são determinantes para sua concepção.

Por meio do estudo histórico, compreende-se o Estado e sua relação com o passado; logo, o entendimento do passado não pode ser superado em sua plenitude e em seu aspecto relacional, visto que o Estado não é isolado, fechado em si mesmo; portanto, não é um fim; pelo contrário, ele é um meio que interage com os outros meios. Essa leitura permite entender o Estado como um processo, em suas três concepções: liberal, social e neoliberal (Alves, 2010).

3.2.1 Estado liberal (liberalismo do século XIX)

O Estado liberal, em suas origens, teve como características o rompimento com o clero e com a aristocracia, opondo-se ao absolutismo político e à sociedade estamental. Objetivava combater a economia feudal (que tirava a liberdade do mercado), defender os direitos individuais, a liberdade e o direito à propriedade.

Nas palavras de Marcoccia (2006, p. 109), "o liberalismo econômico tem como fundamento a crença no mercado, a revalorização do trabalho como base do sistema econômico e da liberdade, a defesa da livre empresa e iniciativa privada, a defesa do lucro como estímulo e medida e a livre-concorrência".

O liberalismo não permite a intervenção do Estado no mercado – ela cabe apenas em casos excepcionais, sem atrapalhar ou substituir a iniciativa privada. A sociedade se autorregula, cabendo ao Estado assegurar apenas condições mínimas, de modo que a sociedade e o Estado são considerados sistemas distintos.

No liberalismo, o Estado tem responsabilidades apenas com o fornecimento da base legal, cabendo ao mercado cuidar do bem-estar coletivo. Temos, portanto, um Estado mínimo. Sabe-se ainda que esse entendimento foi importante, em conjunto com a ética do trabalho, para a fundação da sociedade burguesa, calcada no mérito de cada um desenvolver suas capacidades naturais (Alves, 2010).

O Estado liberal entrou em crise a partir do momento que se passou a temer que o Estado mínimo não fosse capaz de resolver a questão social. Então, o Estado passou a ser considerado de ameaça à liberdade individual a removedor de obstáculos (Marcoccia, 2006).

As crises vividas contribuíram para a crítica à consciência liberal, momento em que entraram em cena as massas proletárias, que demonstraram a impossibilidade de a sociedade se regular sozinha, necessitando da intervenção do Estado: "Renuncia-se ao dogma da não intervenção estatal na vida social e econômica e o Estado ganha força como instituição capaz de superar os antagonismos da sociedade, de impor o respeito à liberdade individual e de garantir uma igualdade social" (Marcoccia, 2006, p. 109).

3.2.2 Estado de bem-estar social

O Estado de bem-estar social, também conhecido como *Welfare State*, pode ser entendido por meio da análise da sociedade capitalista e de sua economia e se traduz no financiamento público de serviços que visam ao atendimento do cidadão. Entretanto, a influência desse modelo estatal vai além dos serviços essenciais, atingindo a ordem econômica.

Para Marcoccia (2006, p. 110), o Estado de bem-estar social responde às

> incertezas socioeconômicas e culturais dos períodos entre e pós-guerra. O Estado passa a dirigir as liberdades mais diversas, seja a econômica, a de trabalho, a indústria, a de comércio, a de consumo etc., assumindo como tarefa própria o bem-estar da sociedade de forma a estabelecer os fins últimos dela.

Nessa perspectiva, a sociedade deposita no Estado a confiança na resolução de suas mazelas. Essa concepção de Estado tem como princípios a igualdade e justiça social, bem como a distribuição igualitária dos recursos, numa lógica de economia centralizada. Para Bobbio, citado por Marcoccia (2006), a sociedade foi reapropriada pelo Estado, numa relação em que puderam passar a ser confundidos – ou seja, a serem vistos como a mesma coisa. Também cabe destacarmos que esse processo foi chamado de *estatização da sociedade*.

Nas palavras de Raichelis (2007, p. 57, grifo do original), tem-se uma importante contribuição para reforçar esse entendimento:

> A implantação dessa forma de regulação estatal viabilizou-se por meio da dessubalternização do Estado em relação ao mercado. Rompeu-se com a ideia de o Estado só gastar o que arrecada, garantindo-lhe autonomia de ação. Esta possibilidade de autonomização do Estado é dada pela política monetária, que se desliga do padrão-ouro e possibilita ao Estado a intervenção na economia a partir de uma política monetária não doméstica. Assim, o Estado mune-se de instrumentos para atuar por meio de políticas anticíclicas, intervindo na conjuntura contra as tendências do ciclo econômico, respondendo a demandas sociais e auxiliando os agentes econômicos a perseguirem seus fins. Pode-se realizar despesas antes de arrecadar, a partir da doação de políticas de investimentos e programas de bem-estar social, que passam a ser "liberados" da relação restrita com o mundo das mercadorias, produzindo assim **desmercantilização** dos bens e serviços sociais públicos.

A ideia do Estado social encontrou limites na ânsia do lucro, de modo que as despesas do mercado colocaram em crise a política social. Também se sabe que os resultados da política social não foram homogênicos no *Welfare State*: em cada país, eles se apresentaram de forma diferente.

3.2.3 Estado neoliberal

A queda do *Welfare State* deu lugar ao **neoliberalismo**. No Brasil, essa nova face assumida pelo Estado fundamentou-se na necessidade de ajustar-se às formas de acumulação capitalista. Para Serra (2001, p. 153), "traz, fundamentalmente, a reestruturação dos capitais e da intervenção do Estado – sob a abertura do capital financeiro e, do ponto de vista político, do ideário neoliberal – tendo como base a reestruturação produtiva e a destruição de direitos dos trabalhadores".

O neoliberalismo se espalhou de forma muito rápida nos países capitalistas centrais. Esse projeto teve como base material a reestruturação produtiva, implantada, desde Margaret Thather, em meados dos anos 1970, por países das mais diversas matrizes políticas, inclusive social-democratas:

> Essa transformação estrutural – que deslanchou a chamada reestruturação produtiva do capital – teve forte incremento após as vitórias do neoliberalismo de Margaret Thatcher, na Inglaterra, e Ronald Reagean, nos Estados Unidos, quando um novo receituário, um novo desenho ideo-político (bem como uma nova pragmática) se apresentou como alternativa em substituição ao *Welfare State*. Começando a se expandir a pragmática neoliberal. (Antunes, 2006, p. 42)

O processo neoliberal atingiu, nos anos 1980, países considerados não capitalistas. Isso foi possível pelos "encaminhamentos econômico-políticos da burguesia da União Soviética e dos países do Leste Europeu ao longo dos anos, os quais acentuaram as mudanças nas relações entre capital e trabalho" (Marconsin; Santos, 2008, p. 185).

Na lógica neoliberal, são observadas alterações nos campos econômico, político e ideológico, "provocadas pelas profundas repercussões internacionais diante da desagregação da União Soviética e unificação das duas Alemanhas" (Alves, 2010, p. 51).

O ideário neoliberal trouxe mudanças, principalmente no sistema de produção das grandes empresas, na tentativa de reduzir custos como forma de alcançar competitividade no mercado globalizado. Essa necessidade levou à criação de novas regras globais, que atingissem diretamente o mercado de trabalho. Assim, o neoliberalismo se associou a organismos de mercados internacionais, enfatizando as perspectivas predatórias do sistema, mas precisou efetivar concessões à classe que vive do trabalho, objetivando apaziguar suas insatisfações.

A forma de produção com liberdade favoreceu a abertura das fronteiras, levando as grandes empresas a se instalarem em outras regiões, muitas vezes fora de seu país. Foi visível também o abandono da forma de produção taylorista pela toyotista (desenvolvida nas fábricas japonesas).

Na lógica toyotista, a inovação está na produção por demanda, sendo o consumo o determinante da produção. Esse modelo provoca mudanças nas relações de trabalho, principalmente em postos de trabalho como os dos bancários e os dos metalúrgicos: busca-se o trabalho polivalente e a empresa enxuta.

No Brasil, o ideário neoliberal foi implantado no governo de Fernando Collor de Mello e teve seu apogeu no governo de Fernando Henrique Cardoso, com o processo de implantação de uma nova concepção de Estado: menos intervencionista nas relações de trabalho e mais ágil e eficiente na acumulação de capital. Essa refuncionalização do Estado passou a ter como prioridade as ações de especulação financeira. Já as políticas sociais, nessa reforma, configuraram-se em políticas focalistas e compensatórias, em que o terceiro setor passou a ser visto como parceiro, em detrimento da universalidade dos direitos sociais (Behring; Boschetti, 2006).

3.3 A intervenção do assistente social na política social

O assistente social, por meio de sua intervenção, vem se fazendo presente nas políticas sociais, mesmo antes do advento da Constituição Federal de 1988, que institucionalizou a Seguridade Social. A intervenção do assistente social ocorreu de várias formas, como na produção teórica e profissional e na participação nos movimentos em defesa de direitos.

O Movimento de Reconceituação do Serviço Social, conforme já apresentamos, deslocou o debate profissional para as relações sociais nos marcos do capitalismo. Nesse novo olhar, as políticas sociais passaram a ocupar espaço privilegiado na luta da categoria pela defesa dos direitos sociais. Para entender a intervenção profissional nas políticas sociais, Mioto e Nogueira (2013) destacam a importância de retomar o passado, na medida em que as mudanças sempre herdam traços anteriores para consolidar ou mesmo para negar o novo.

Neste ponto do texto, faz-se necessário apresentar alguns aspectos da intervenção do Serviço Social na política social até 1960:

- A profissão teve como objetivo a integração dos indivíduos às normas da sociedade – buscava-se basicamente corrigir aquelas pessoas que apresentavam desvio de conduta.
- O Serviço Social atendia basicamente aos interesses da instituição empregadora.
- A ação profissional era pautada na benemerência e na organização de serviços ofertados pelas instituições públicas e privadas.
- A pobreza era vista e tratada como problema social.

Para Boschetti (2004), é importante demonstrar que o Serviço Social teve, e continua tendo, uma participação insofismável na defesa da seguridade social que tem colocado os assistentes sociais em uma situação classificada como "remando contra a maré", ou seja, contra a maré neoliberal e pela defesa da democracia e das políticas públicas.

Existe uma preocupação na relação entre o Serviço Social e as políticas sociais (e a Seguridade Social), que utiliza como parâmetro o Projeto Ético-Político Profissional. É importante trazer a reflexão acerca das manifestações da questão social "como parâmetro para orientar os movimentos de defesa dos direitos econômicos, políticos e sociais" (Boschetti, 2004, p. 110).

É possível verificar que, nos últimos anos, as políticas sociais têm sido pautadas em ações de combate à pobreza absoluta, na garantia de mínimas condições de sobrevivência. Nessa lógica, está presente apenas a preocupação de apenas combater a pobreza, sem nenhuma pretensão de reduzir as desigualdades sociais, o que leva à ampliação dos espaços do mercado na oferta do bem-estar, em que a política social se apresenta com caráter focalista, não considerando princípios de universalidade e equidade. Portanto, nesse caso, as políticas sociais são para os pobres, ou os muito pobres, aqueles que não dispõem de condições de subsistência.

É claro para o Serviço Social contemporâneo que a pobreza e a desigualdade social são determinadas pelo modo de produção e reprodução do sistema capitalista. Sabe-se, também, que essa questão tem levado a enormes discussões a respeito das funções das políticas sociais, bem como de sua capacidade de reduzir as desigualdades sociais.

No Brasil, as políticas sociais não têm conseguido reduzir desigualdades econômicas e sociais. Muito pelo contrário, ainda há um enorme distanciamento entre ricos e pobres e uma concentração de renda extremamente discrepante nas mãos de uma parcela pequena da população.

Faz-se necessário pensar a política social no contexto da crise estrutural capitalista, que tem impactado fortemente o trabalho e os direitos sociais. Quando se avalia o desenvolvimento dos direitos sociais e de sua operacionalização por meio das políticas públicas, fica claro que sua origem está intimamente ligada às formas de enfrentamento da questão social.

Para Behring (2008), vivemos atualmente um momento difícil para as políticas sociais, com estagnação do capitalismo maduro, que vem tensionando as lutas dos trabalhadores para a retomada das taxas de lucros. Esse processo que marca o contexto da política social provoca mudanças expressivas nas relações de trabalho.

Cabe agora destacarmos alguns aspectos das mudanças nas relações de trabalho, que em muito contribuem para o constrangimento dos trabalhadores ao se empreender o debate acerca das políticas sociais e de trabalho, quais sejam:

- a reestruturação produtiva com ênfase na flexibilização;
- a ampliação do exército industrial de reserva (superpopulação sem acesso a trabalho);
- a fragmentação das organizações políticas dos trabalhadores.

Questões para reflexão (II)

1. **Apresente os fundamentos do Estado liberal, do Estado social e do Estado neoliberal.**
   Dica: Seja objetivo.
2. **Apresente os principais reflexos que o ideário neoliberal tem provocado nas políticas sociais.**
   Dica: Trate da política social na contemporaneidade.

3.3.1 Intervenção do assistente social nas políticas sociais: aspectos teórico--metodológico e ético-político

Na contemporaneidade, estão em trânsito significativas transformações que se materializam no cotidiano da classe trabalhadora e, assim, incidem diretamente no processo de trabalho do assistente social.

Para tratar da intervenção profissional do assistente social na política social, segundo Behring e Boschetti (2006, p. 752),

> é preciso considerar também, e de forma nem sempre convergente, o modo pelo qual o profissional incorpora na sua consciência o significado do seu trabalho, as representações que faz da profissão, a intencionalidade de suas ações, as justificativas que elabora para legitimar sua atividade – que orientam a direção social do exercício profissional [...].

Ainda conforme as autoras,

> Simultânea e dialeticamente, as políticas sociais representam a face da luta dos movimentos sociais, expressando a dimensão de conquista das classes trabalhadoras decorrente das pressões e mobilizações em busca de respostas a necessidades sociais de reprodução social, ainda que estas sejam invariavelmente insuficientes e limitadas. (Behring; Boschetti, 2006, p. 755).

O profissional, por meio de sua prestação de serviço, é o principal mediador para a intervenção na política social, apoiando-se, fundamentalmente, no conhecimento (teórico, técnico e político) e na capacidade de relacionamento, elementos também chamados *condicionantes internos* por Iamamoto (2000).

Outro aspecto, não menos importante, é o fato de o Serviço Social, até o momento, ter a seguridade social como campo fundamental de suas reflexões e intervenções, com ações voltadas a "apontar limites e possibilidades, continuidade e inovações, tendo em vista subsidiar o trabalho profissional, a pesquisa e a luta política" (Behring, 2008, p. 152).

A posição da categoria profissional em defesa da seguridade social com qualidade foi apresentada de forma bastante importante e consistente na "Carta de Maceió", na qual os assistentes sociais questionam o atropelamento do plano legal (seguridade social) pela reforma neoliberal com prejuízos imensos à cidadania e à democracia. Para Behring (2008), a carta consolida as linhas mestras da seguridade social. O autor lembra que esse documento foi aprovado pelo conjunto Conselho Federal de Serviço Social (CFESS)/Conselho Regional de Serviço Social (CRESS) no ano de 2000, com destaques para:

- o compromisso com a seguridade social pública, de qualidade e universal;
- o reconhecimento dos avanços dos direitos pela Constituição Federal de 1988;
- a denúncia dos ataques neoliberais aos direitos sociais pela privatização, pela focalização e pela desresponsabilização do Estado pela política da seguridade social;
- a compreensão da seguridade social como processo histórico.

Behring (2008) afirma que o ponto principal da Carta de Maceió está na compreensão da seguridade social como processo histórico. Dessa forma, é possível pensar a seguridade social em sua totalidade histórica em movimento, perspectiva mergulhada na dialética.

Nessa discussão, é importante retomarmos que o assistente social tem "a formação teórica" pautada pela orientação dialético-crítica, que capacita o profissional a compreender o contexto social, econômico, cultural e político e a pautar o projeto profissional nos interesses da população com a qual trabalha, possibilitando a orientação coletiva dos diferentes campos de trabalho (Couto; Martinelli, 2009, p. 94-95).

O Serviço Social tem atuado de forma significativa em defesa da Seguridade Social, principalmente na luta contra a reforma neoliberal. Para Couto e Martinelli (2009), a categoria inserida na divisão sociotécnica do trabalho também sofre com os impactos do neoliberalismo.

O profissional tem uma formação teórica que está pautada na dialética crítica, que o capacita para compreender o contexto econômico, político, cultural, social etc., bem como para conduzir sua atuação profissional, pautada no Projeto Ético-Político, a ações interventivas críticas.

Segundo Iamamoto (2000, p. 20),

> Um dos maiores desafios que o assistente social vive no presente é desenvolver sua capacidade de decifrar a realidade e construir propostas de trabalho criativas e capazes de preservar e efetivar direitos, a partir de demandas emergentes no cotidiano. Enfim, ser um profissional propositivo e não só executor.

Busca-se como saída para os desafios profissionais a formação com qualidade, e, nesse sentido, as diretrizes curriculares da Associação Brasileira de Ensino e Pesquisa em Serviço Social (ABEPSS) vêm sendo entendidas como fundamentais para essa construção.

Assim, as diretrizes curriculares, amplamente difundidas pela ABEPSS, resultaram em um processo de revisão curricular que buscou definir os pressupostos básicos da formação do assistente social no conjunto das relações sociais:

> Os pressupostos básicos das novas diretrizes curriculares da formação profissional do assistente social traçam um determinado desenho da profissão: particularizam o Serviço Social no conjunto das relações de produção e reprodução da vida social, como uma profissão de caráter interventivo, cujo sujeito – o assistente social – intervém no âmbito da questão social. Consideram a questão social como fundamento básico da existência do Serviço Social, reconhecendo, a partir daí, que o agravamento dessa questão, em face das particularidades do processo de reestruturação produtiva no Brasil, determina uma inflexão no campo profissional, provocada por novas demandas postas pelo reconhecimento do capital e do trabalho. (Cardoso, 2000, p. 9)

As diretrizes curriculares para a formação do assistente social estão embasadas nos seguintes princípios:

1. nas construções éticas profissionais;
2. na regulação da profissão no trato teórico, histórico e metodológico do Serviço Social e da realidade social (Couto; Martinelli, 2009).

Com destaque às diretrizes, cabe destacarmos ainda que elas estão configuradas em três eixos estruturantes:

1. teórico-metodológico;
2. ético-político;
3. técnico-operativo.

Espera-se que a articulação desses três eixos contribua para a viabilização de saídas e estratégias direcionadas à efetivação da intervenção profissional com base nos conhecimentos teóricos e metodológicos, bem como no engajamento político capaz de propiciar o desvendamento das necessidades da classe trabalhadora em situação de vulnerabilidade social com o devido tratamento técnico-operativo, que venha a atender às demandas (im)postas ao Serviço Social.

O que se busca na lógica dos eixos estruturantes é a não separação dos fundamentos históricos, teóricos e metodológicos, visto que uma leitura fragmentada da realidade social não leva à compreensão do todo – logo, não permite a leitura da realidade na perspectiva crítico-dialética.

O Serviço Social tem em sua práxis a projeção ética e política. Esta última pode ser entendida como espaço de luta por uma sociedade mais justa e igualitária ou, mesmo, na defesa de uma nova ordem societária. É nessa perspectiva que o Serviço Social se engajou na luta em defesa da Constituição Federal de 1988, na garantia das políticas sociais, com controle social e universal. Nesse sentido, o Projeto Ético-Político Profissional é importante para o resgate da ética e dos princípios humanistas, os quais estão sendo derrubados na sociedade contemporânea pelos interesses excludentes do mercado.

Sabe-se que o Código de Ética Profissional de 1993 (atual), as diretrizes curriculares da ABEPSS e a lei de regulamentação da profissão do assistente social – Lei n. 8.662, de 7 de junho de 1993 (Brasil, 1993) – representam a materialidade do Projeto Ético-Político Profissional; logo, dos seus princípios humanistas, conforme destacamos, os quais reafirmam a luta política da categoria pela efetividade do projeto profissional.

O assistente social tem na Lei n. 8.662/1993 a regulamentação de sua profissão e o estabelecimento de habilidades e competências técnico-operativas, tais como:

- formular e executar políticas sociais;
- elaborar, executar e avaliar planos, programas e projetos;
- viabilizar a participação dos usuários;
- planejar e organizar serviços sociais;
- realizar pesquisas, estudos socioeconômicos, visitas domiciliares e institucionais;
- prestar assessoria;
- atuar na orientação da população na defesa dos direitos;
- realizar perícias e laudos técnicos;
- exercer função de diretor, coordenador e docente em cursos de formação de assistentes sociais.

Para atingir suas metas, a formação prioriza alguns princípios norteadores, conforme destaques do conjunto ABEPSS e CFESS, propostos a seguir pela Comissão de Especialistas de Ensino em Serviço Social (ABEPSS, 1996):

- flexibilização e dinamismo curricular;
- rigoroso trato histórico, teórico e metodológico da realidade social;
- adoção de uma teoria social crítica, a qual contribua para a apreensão da totalidade social em todas as suas dimensões;
- privilégio das dimensões investigativa e interventiva como princípio formativo;
- privilégio da interdisciplinaridade na formação profissional;
- indissociabilidade dos componentes curriculares;
- exercício do pluralismo na formação e no exercício profissional.

Verificamos, assim, que o Serviço Social avançou na compreensão da profissão, definindo bases teóricas e saberes para dar respostas às expressões da questão social. Conforme as diretrizes curriculares do Serviço Social, o assistente social é o

> Profissional que atua nas expressões da questão social, formulando e implementando propostas para seu enfrentamento, por meio de políticas sociais públicas, empresariais, de organizações da sociedade civil e movimentos sociais.
>
> Profissional dotado de formação intelectual e cultural generalista crítica, competente em sua área de desempenho, com capacidade de inserção criativa e propositiva, no conjunto das relações sociais e no mercado de trabalho.
>
> Profissional comprometido com os valores e princípios norteadores do Código de Ética do Assistente Social. (ABEPSS, 1996)

Apesar dos avanços apontados, ainda é presente o distanciamento entre as intenções e o exercício profissional, embora alguns autores destaquem que o Serviço Social tem avançado significativamente por meio do discurso teórico-metodológico, ético e político. Esses avanços mostram claramente a melhora na compreensão do movimento da sociedade burguesa em suas demarcações concretas e do trabalho do assistente social.

É necessário, neste ponto do texto, reafirmar que a prática profissional integra conhecimentos, valores, símbolos e outros elementos.

3.4 Dimensões constitutivas do espaço profissional nas políticas sociais

Para que o assistente social tenha resultados positivos em seu trabalho, ele deve manter um distanciamento analítico suficiente do poder institucional (empregador), a fim de analisar as condições em que o seu trabalho se realiza. O distanciamento permitirá, conforme Torres (2009, p. 207),

> a identificação das demandas de atendimento e não apenas aquelas indicadas previamente pela organização; o conhecimento do poder local; o conhecimento das condições objetivas em que o seu trabalho se realiza; a apropriação do assistente social acerca do projeto profissional; as condições objetivas de vida do usuário e o conhecimento da realidade social.

Ainda segundo Torres (2009, p. 216-217), "cabe ressaltar o reconhecimento por parte do profissional das implicações de seu exercício profissional nas condições objetivas de vida do usuário, no espaço organizacional, o que significa reconhecer a importância do desenvolvimento não por sua utilidade, mas por seu significado social".

Nessa lógica, a organização empregadora do assistente social deve ser compreendida como espaço contraditório, no qual a dinâmica da prestação de serviços deve ocorrer considerando que a proposta de ação interventiva profissional precisa estar baseada na leitura do profissional e do usuário das condições objetivas e subjetivas da realidade social, considerando também as determinações dadas pelo espaço institucional, mas sem permitir que se sobressaiam em relação às duas anteriores.

Corroborando a ideia apresentada, Torres (2009, p. 217) destaca que "negar a análise e as contradições presentes no espaço institucional compromete o exercício profissional, pois dificulta a possibilidade do próprio reconhecimento da organização como espaço de superação e de construção de respostas profissionais concretas".

É importante considerarmos que, ao se tomar a matriz crítica, ou materialismo histórico dialético, como referência, o exercício profissional ocorre com base em três dimensões, sendo elas, conforme Torres (2009, p. 217), "a interventiva, a analítica e a ética, que mantêm entre si uma relação de autonomia e interdependência". Para apresentarmos as três dimensões citadas, utilizaremos como referência a ideia de Torres (2009).

1. **Dimensão interventiva**: Leva ao entendimento da efetivação das ações profissionais, permitindo ao assistente social:
    - conhecer e reconhecer as tendências teórico-metodológicas, a instrumentalidade, os componentes éticos e políticos, o conhecimento das condições do usuário e da realidade social;
    - compreender o exercício profissional sob uma perspectiva crítica;
    - entender que, para o atendimento da demanda do usuário, é preciso recriação dos conhecimentos e das mediações norteadoras do caminhar teórico à prática;

- explicitar os instrumentos técnico-operativos, éticos e políticos do exercício profissional;
- realizar o trato analítico da intervenção profissional, possibilitando a análise dos fenômenos sociais e dos determinantes da realidade social;
- atentar para a clareza de seu papel de atender à classe subalterna na defesa dos direitos sociais.

2. **Dimensão investigativa**: De acordo com Torres (2009, p. 218), "compreende a produção do conhecimento, as pesquisas e seus suportes analíticos, os quais qualificam e garantem a intervenção profissional".

    A dimensão investigativa deve subsidiar a dimensão interventiva, ou seja, é preciso haver um processo de conhecimento profundo da realidade cotidiana para fortalecer o processo de trabalho do profissional de Serviço Social e, assim, propiciar ações de enfrentamento das expressões da questão social. Ainda conforme Torres (2009, p. 218), a "dimensão investigativa não está circunscrita aos trabalhos acadêmicos, mas é expressão da qualificação do exercício profissional do assistente social".

3. **Dimensão ética**: Para Torres (2009), trata-se de explicar os pressupostos contidos no Código de Ética (1993) e no Projeto Ético-Político, com vistas a levar o profissional a:
    - ampliar a discussão da intervenção profissional, com ênfase na compreensão e na competência, bem como na maior preocupação com o desenvolvimento teórico;
    - permitir a percepção do significado e o reconhecimento dos impactos sociais oriundos do conjunto das ações realizadas, bem como a percepção da incidência destes na vida social;
    - planejar suas ações de modo a compreender claramente as demandas e os impactos sociais;
    - reconhecer o protagonismo dos usuários, propiciando o conhecimento e o reconhecimento de suas necessidades, de seu projeto societário e de suas percepções de vida e de mundo;
    - ampliar a visão (possibilidade de ver além do aparente), tornando factível o estabelecimento de relações entre usuário, condições de vida, determinantes organizacionais e realidade social.

Em seu processo interventivo, o assistente social tem utilizado a perspectiva socioeducativa como ferramenta na busca de ações voltadas aos usuários das políticas sociais. Tal perspectiva reforça que o trabalho realizado pelo assistente social tem a finalidade de consolidar as políticas sociais e públicas como políticas de direitos, cujo objetivo final é a proteção social e a garantia dos direitos sociais (Torres, 2009).

Na perspectiva socioeducativa, o usuário é visto como protagonista e a ação profissional é construída e reconstruída cotidianamente, na busca constante do conhecimento, em que o profissional atua utilizando como referência o modo de vida do usuário, numa perspectiva interventiva consolidada na criticidade e na teleologia, o que requer do assistente social a capacidade de leitura fundamentada no Projeto Ético-Político e na realidade social.

De acordo com Torres (2009, p. 220), o atendimento profissional tem como base a teoria marxista, com vistas a uma intervenção reflexiva quanto

> às demandas identificadas para atendimento; os procedimentos adotados pelo assistente social; o diagnóstico preliminar da situação, em que são identificadas as determinações presentes no atendimento; a relação estabelecida entre o assistente social e o usuário e o reconhecimento das contradições presentes no espaço organizacional.

Ainda na perspectiva socioeducativa, o assistente social trabalha com base na prática interventiva, tomando como referências sua formação, a dimensão política e ideológica e o Projeto Ético-Político, numa proposta metodológica da dialética marxista. No entanto, para alcançar um resultado positivo, é preciso que o assistente social tenha uma formação sólida.

Questões para reflexão (III)

1. **Apresente as linhas mestras da seguridade social aprovada pelo conjunto CFESS/CRESS na "Carta de Maceió".**
   Dica: Trata do movimento da categoria.

2. Quais são as dimensões constitutivas da intervenção profissional do assistente social nas políticas sociais?
   Dica: São três dimensões.

3. O assistente social tem, em seu processo interventivo, utilizado a perspectiva socioeducativa como ferramenta, na busca de ações para os usuários da política sociais. Para Torres (2009), nessa perspectiva, o trabalho do assistente social tem como finalidade a consolidação das políticas sociais e públicas como forma de acesso a direitos sociais. De acordo com o que foi dito, como é visto o usuário?
   Dica: Trata-se de uma perspectiva presente no Projeto Ético-Político.

Síntese

O fazer profissional do assistente social está intimamente condicionado à sua capacidade de formação, bem como à capacidade de transformar conhecimentos em respostas para o enfrentamento das expressões da questão social. Compreendemos que a prática do assistente social é vista como atividade que tem como determinante um processo de trabalho historicamente construído e socialmente determinado, numa lógica que incide nas formas de consciência social, tomada por meio das mudanças ocorridas nas condições materiais de produção. Nessa lógica, a realidade é capaz de se reconstruir com o trabalho profissional. Entende-se que não existe antagonismo entre teoria e prática e que a teoria é construída com base nas experiências vividas na prática.

Compreende-se também que a ação do Estado é realizada por meio das políticas sociais. Nessa perspectiva, é importante entendermos que o Estado deve ser visto como um processo nas concepções liberal, social e neoliberal:

- **Estado liberal**: Tem como fundamento a crença no mercado, a revalorização do trabalho como base do sistema econômico e

da liberdade, a defesa da livre empresa e da iniciativa privada, a defesa do lucro como estímulo e medida e a livre-concorrência;
- **Estado social:** Tem como princípios a igualdade e a justiça social, bem como a distribuição igualitária dos recursos, numa lógica de economia centralizada;
- **Estado neoliberal:** Tem como princípios a livre concorrência e a defesa de um Estado enxuto. O ideário neoliberal tem tensionado fortemente para baixo as políticas sociais e os direitos dos trabalhadores.

Embora a categoria tenha atuado fortemente na luta por políticas sociais justas e igualitárias e na defesa da classe trabalhadora, nos últimos anos, a política social tem atuado no combate à pobreza, na garantia de mínimos sociais.

As transformações têm gerado novas demandas para o trabalho do assistente social. Assim, a compreensão da intervenção profissional deve passar pela análise da direção social e do exercício profissional. Verificou-se que o assistente social atua de forma rígida e significativa na defesa da política social, principalmente da seguridade social, o que demonstra claramente a Carta de Maceió. O Serviço Social avançou em suas bases teóricas, na formação e no exercício profissional, numa lógica crítica, que articula o exercício profissional às dimensões interventiva, investigativa e ética. Na intervenção nas políticas sociais, os profissionais têm utilizado a perspectiva socioeducativa como ferramenta viabilizadora do protagonismo dos usuários, para ampliar as possibilidades de acesso a direitos sociais.

Para saber mais

MIOTO, R. C. T.; NOGUEIRA, V. M. R. Política social e Serviço Social: os desafios da intervenção profissional. **Katálysis: Revista do Programa de Pós-Graduação em Serviço Social da UFSC**, Florianópolis, v. 16, n. especial, p. 61-71, 2013. Disponível em: <https://periodicos.ufsc.br/index.php/katalysis/article/view/S1414-49802013000300005/24860>. Acesso em: 13 abr. 2017.

O texto apresenta os desafios do serviço social diante das diversas demandas contemporâneas. Destaca principalmente o processo de trabalho do assistente social, em específico o relacionado à política social e suas contradições, e também o serviço social como profissão comprometida com os princípios ético-políticos e a necessária defesa dos direitos sociais.

TORRES, M. M. As múltiplas dimensões presentes no exercício profissional do assistente social: intervenção e o trabalho socioeducativo. **Serviço Social em Revista: Publicação Semestral do Departamento de Serviço Social da UEL**, Universidade Estadual de Londrina, v. 12, n. 1, p. 202-227, jul./dez. 2009. Disponível em: <www.uel.br/revistas/uel/index.php/ssrevista/article/view/10060/8789>. Acesso em: 13 abr. 2017.

Esse artigo busca analisar as dimensões constitutivas da intervenção profissional do assistente social, com ênfase na perspectiva de trabalho socioeducativa e nas dimensões constitutivas do Serviço Social.

Questões para revisão

1. Com base na abordagem do liberalismo clássico, analise as afirmativas a seguir e, depois, assinale a alternativa correta:
   I. No liberalismo, as necessidades da população devem ser contempladas pelo Estado.
   II. O liberalismo entende que o trabalho deve ser compreendido como mercadoria e sua regulamentação deve ser determinada pelo livre mercado.
   III. Para o liberalismo, o bem-estar de toda a sociedade só ocorrerá quando cada indivíduo buscar sua própria satisfação.
   IV. No liberalismo, o Estado atua como regulador das relações econômicas.
   a) As afirmativas I, II e IV estão corretas.
   b) As afirmativas I, III e IV estão corretas.
   c) As afirmativas II e III estão corretas.
   d) As afirmativas III e IV estão corretas.
   e) As afirmativas II, III, e IV estão corretas.

2. O assistente social tem, em seu processo interventivo, utilizado a perspectiva socioeducativa como ferramenta na busca de ações para os usuários das políticas sociais. Considerando a ideia de Torres (2009), analise as afirmativas a seguir e, depois, assinale a alternativa correta:
   I. O usuário é visto como protagonista.
   II. A ação profissional é construída e reconstruída cotidianamente.
   III. O profissional assistente social atua utilizando como referência o modo de vida do usuário.
   IV. A intervenção requer do assistente social a capacidade de uma leitura fundamentada no Projeto Ético-Político.
   a) As afirmativas I, II e IV estão corretas.
   b) As afirmativas I, III e IV estão corretas.
   c) As afirmativas II e III estão corretas.
   d) As afirmativas III e IV estão corretas.
   e) Todas as afirmativas estão corretas.

3. Podemos afirmar que às profissões que têm como meta a defesa da dignidade da pessoa humana, de forma ampla e irrestrita, resta edificar um processo de luta e resistência diante das ofensivas dos interesses do capital, do mundo dos privilégios. Para Martinelli (2006), o assistente social é o profissional que se coloca na linha de frente dessas defesas. A fim de alcançar seus objetivos, ele deve:
   I. Reconhecer a importância da profissão ao abrir espaços de escuta para sujeitos que, muitas vezes, sequer são alcançados por outras profissões.
   II. Colocar-se como interlocutores daqueles que muitas vezes não interessam a quase ninguém.
   III. Compreender a invasão do econômico nas relações sociais e como determinadas práticas retiram a cidadania e fragilizam sujeitos.

Agora, assinale a alternativa que apresenta a resposta correta:
a) Todas as assertivas são verdadeiras.
b) São verdadeiras as assertivas I e II.
c) São verdadeiras as assertivas I e III.
d) São verdadeiras as assertivas II e III.
e) Somente a assertiva II é verdadeira.

4. De acordo com o CFESS (2012) e as Diretrizes Curriculares Nacionais para os cursos de Serviço Social, a formação do assistente social prioriza alguns princípios norteadores, propostos pela Comissão de Especialistas de Ensino em Serviço Social. Destaque-os.

5. No Serviço Social, cuja práxis se direciona à projeção ética e política, como a política social pode ser entendida?

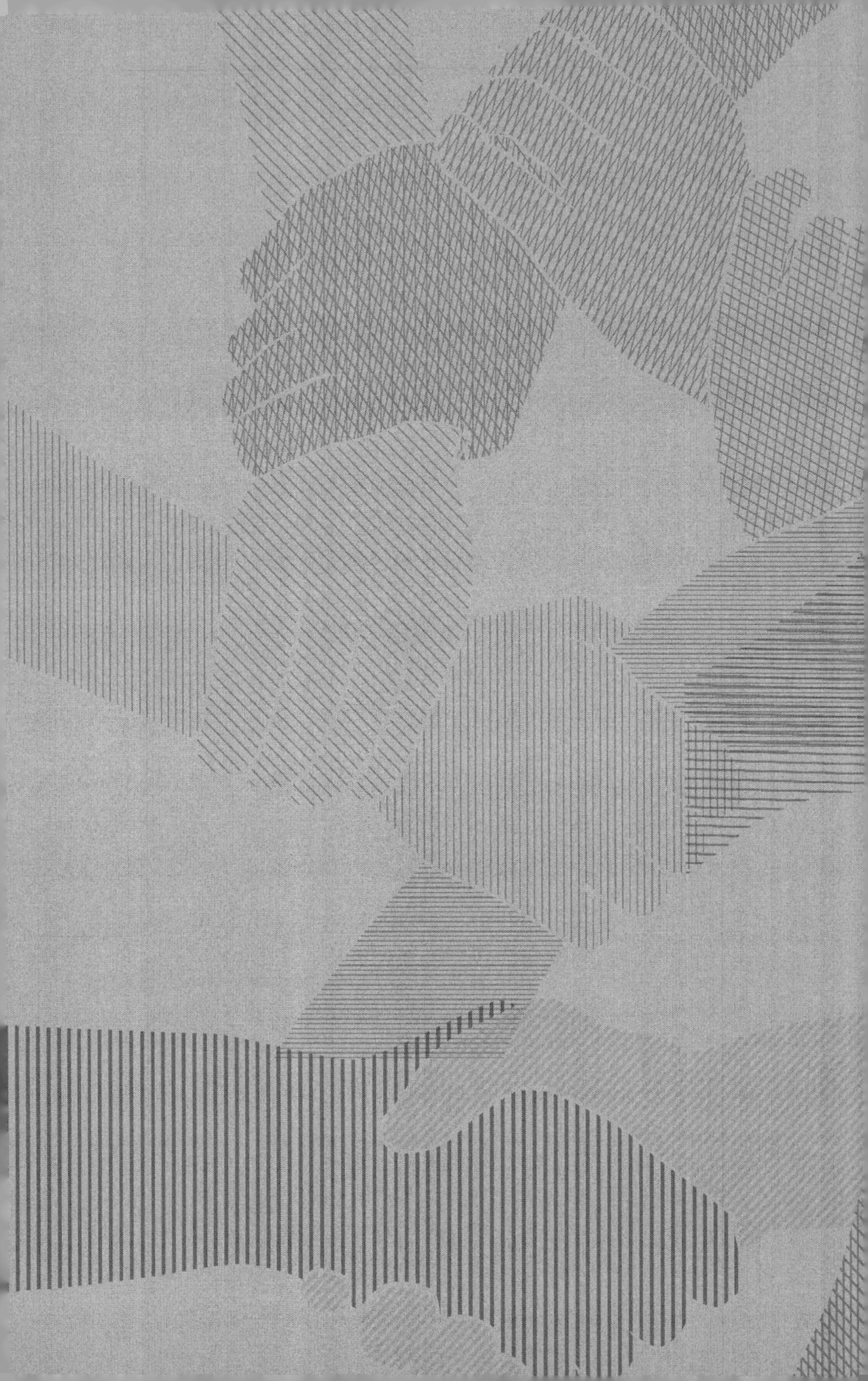

CAPÍTULO 4

Principais correntes teórico-metodológicas do Serviço Social e as influências na intervenção profissional do assistente social

Conteúdos do capítulo:

- As principais correntes teórico-metodológicas contemporâneas e a influência destas na intervenção profissional do assistente social.
- A tendência teórico-metodológica e sua influência na intervenção profissional do assistente social na contemporaneidade.
- A relação sujeito-objeto e seus rebatimentos na prática profissional.
- A natureza investigativa e o significado do conhecimento.
- A apreensão do conhecimento teórico-crítico para o processo de trabalho no cotidiano do profissional de Serviço Social.
- A teorização do Serviço Social dos anos 1980 até a atualidade.

Após o estudo deste capítulo, você será capaz de:

1. apreender o significado da profissão e suas principais correntes teórico-metodológicas inseridas em seu processo histórico, bem como na contemporaneidade;
2. entender a dinâmica das relações entre o sujeito e o objeto na construção do processo de conhecimento;
3. identificar a importância da dimensão investigativa, da qual precede a dimensão interventiva, para o trabalho profissional do assistente social e para a ampliação do conhecimento crítico na observação da realidade social;
4. acompanhar o movimento de teorização do serviço social da década de 1980 até a contemporaneidade;
5. entender a dinâmica histórica da profissão e sua adesão às causas da classe trabalhadora.

Conforme relatamos anteriormente, o Serviço Social nasceu no Brasil na década de 1930 e passou décadas construindo uma história profissional. Destacam-se os movimentos das décadas de 1960 e 1970, considerados ações com vistas à ruptura da visão conservadora e funcional da profissão, que alcançou, na década de 1990, patamares de uma profissão madura e consistente na sociedade. Assim, cabe lembrarmos a importância da década de 1990 no que se refere ao processo de legitimação da profissão com base em matizes de pensamento originalmente nacionais, amplamente inspirados pelas teorias críticas do conhecimento e que inauguraram o então Projeto Ético-Político da Profissão.

Com o Código de Ética Profissional de 1993, o Serviço Social adotou como corrente teórica o materialismo dialético:

> Segundo Marx, para estudar a sociedade não se deve partir do que os indivíduos dizem, imaginam ou pensam, mas da forma como produzem os bens necessários a sua vida. Analisando o contato que estabelecem com a natureza para transformá-la por meio de trabalho e as relações criadas entre eles, é que se descobre como produzem sua vida e suas ideias. (Aranha; Martins, 2003, p. 145)

Nesse sentido, Karl Marx compreende a sociedade com base nas relações dos homens entre si e entre estes e a vida material na totalidade da vida social. Segundo esse pensador, é do trabalho que partem as relações sociais; sendo assim, o assistente social atua como mediador na relação capital/trabalho, representada nas lutas entre as duas principais classes antagônicas da sociedade do capital: burguesia e proletariado.

O materialismo dialético surgiu no século XIX, com os debates empreendidos pelos filósofos Marx e Friedrich Engels, tendo como características o dinamismo e o debate de ideias contrárias e em constante transformação, afirmando que o mundo é um complexo de processos; valorizando as transformações qualitativas e o homem como sujeito histórico, bem como sua consciência e sua liberdade; reafirmando que as ideias são forças ativas. Essa corrente teórico-filosófica passou a considerar o homem como sujeito com determinações sócio-históricas e a propor a transformação social. A abordagem marxiana também propõe o entendimento da realidade com base nas determinações históricas da sociedade, permeada pelas influências vividas pelos seus sujeitos, imbuídos de necessidades e intencionalidades que se materializam no cotidiano das relações sociais.

Essa perspectiva coaduna com o Código de Ética do Assistente Social de 1993, que, além dos onze princípios nele contidos, inclui o compromisso com a classe trabalhadora fundamentado na ampliação e na consolidação da cidadania e da democracia (LegisWeb, 2017).

É no cotidiano que se materializam as transformações no mundo do trabalho, que, na atualidade, devido ao neoliberalismo e à crise estrutural contemporânea, destroem a força humana que trabalha e os direitos sociais, assim como contribuem para a precarização da relação capital *versus* trabalho e da produção e reprodução das relações sociais.

A contemporaneidade é marcada pela desmontagem dos direitos sociais dos trabalhadores, pelo combate aos sindicatos e pela propagação do subjetivismo e do individualismo. Esse cenário interfere diretamente no fazer profissional do assistente social, pois, além de as expressões da questão social se apresentarem em nova configuração, a relação de trabalho também reflete no assistente social, uma vez que este faz parte da divisão social e da técnica do trabalho. Nessa medida, é preciso que se entenda que o assistente social é um trabalhador e, como tal, está inserido nesse mundo do trabalho; sendo assim, recebe todas as influências desse mercado, e todas as precarizações advindas das relações aí contidas incidem sobre seu processo de trabalho no cotidiano de suas relações com a população usuária dos espaços sócio-ocupacionais dos quais poderá fazer parte.

A categoria *trabalho* passa a se dividir nas seguintes formas:

- emprego;
- subemprego;
- terceirização;
- flexibilização;
- desemprego.

Dessa forma, a classe que vive do trabalho se vê numa situação de dependência das imposições do Estado, que, por sua vez, pode responder a essas questões com políticas sociais imediatas, focalistas e fragmentadas, características de um posicionamento positivista no qual o indivíduo tem de se adequar à sociedade. Nesse contexto, considera-se que os direitos sociais passam por uma perspectiva de benefícios, o que permite a seleção e a ideologia de excluir para incluir. De acordo com Pereira (2008, p. 42),

> os antigos mecanismos de proteção social, desenvolvidos por meio de politicas sociais públicas, que pretendiam concretizar direitos de cidadania, estão desintegrando-se. Hoje, em lugar do compromisso governamental com o pleno emprego, com as políticas sociais universais e com o provimento dos mínimos sociais como direitos de todos, predominam políticas sociais residuais, casuais, seletivas ou focalizadas na pobreza extrema, como forma de amenizar os impactos desagradores e destrutivos da nova questão social.

É interessante destacarmos que o Estado, ao direcionar as políticas sociais de forma parcial e fragmentada, reitera a intenção do mercado, uma vez que vê a implementação das referidas políticas como gasto e ônus, numa via diferente das necessidades amplas e básicas para a sobrevivência da classe trabalhadora – logo, numa perspectiva de iniciativas sociais mínimas, que não são capazes de garantir condições dignas de existência à classe trabalhadora.

Essa perspectiva tem, na sua raiz, princípios conservadores de expressão e entendimento do homem como sujeito de direito. No entanto, essa abordagem se traduz em uma política insuficiente no que se refere à compreensão dos sujeitos sociais como detentores de direitos sociais advindos inclusive de direitos humanos convencionados internacionalmente.

Essa forma de pensamento que impera nos mecanismos da gestão do público e que reitera a perspectiva privatista e exclusivista da classe que vive do trabalho tem sua matriz de defesa centrada nas premissas de que o ser humano deve se adequar à sociedade, e não o contrário – ou seja, a sociedade é que precisa estar a serviço dos seres sociais que a compõem. Logo, esses princípios se localizam em um conjunto de teorias e filosofias que reverberam na ação cotidiana do assistente social e, consequentemente em seu processo de trabalho, independentemente do espaço sócio-ocupacional em que está.

4.1 Tendências teórico-metodológicas no Serviço Social: notas introdutórias

Nos anos de 1980 e 1990 e nos primeiros anos do século XXI, os fundamentos históricos, teóricos e metodológicos do Serviço Social brasileiro foram compreendidos pela categoria com base no pressuposto de que a profissão e o conhecimento se expressam no movimento histórico da sociedade. Nesse período, o Serviço Social empreendeu novos debates acerca de sua inserção na sociedade; logo, acerca de seu processo de trabalho.

Compreendendo que a sociedade é o produto das relações sociais em sua complexidade e do processo de reprodução social, a profissão passou a debater seu significado à luz dos princípios e valores amplamente defendidos em seu projeto hegemônico profissional.

Assim, a mediação deve se fazer presente, dadas as múltiplas contradições inerentes aos embates e às lutas sociais em jogo, que constituem o tecido de relações sociais que envolvem o processo de produção e reprodução social. Esse cenário é composto pela sociabilidade humana, amplamente permeada pelos aspectos sociais – como questões de gênero, idade, raça e etnia –, políticos, econômicos, culturais e religiosos, entre outros fatores.

As dimensões ético-política, técnico-operativa e teórico-metodológica utilizadas pelo serviço social têm como perspectiva e finalidade abordar a totalidade social, tentando, nesse processo, explicar a intervenção sobre a realidade, bem como sua direção social.

Assim, vale destacarmos que é relevante abordar a historicidade do Serviço Social brasileiro e as tendências de análises e interpretação acerca de sua própria intervenção sobre a realidade social. As referidas tendências advêm das transformações sociais, que tiveram, em seu contexto, a presença de tensões e confrontos internos.

Nesse sentido, a compreensão teórico-metodológica da realidade com bases matrizes do pensamento social é um processo que se constrói na interlocução com o próprio movimento da sociedade. Temos, assim, a abrangência de dois aspectos: as ideias e os conteúdos doutrinários do pensamento social da Igreja Católica, no processo de institucionalização do Brasil e as principais matrizes teórico-metodológica acerca do conhecimento do social na sociedade burguesa.

Conforme Yazbek (2009b, p. 1-2),

- **As ideias e os conteúdos doutrinários do pensamento social da Igreja Católica no processo de institucionalização do Brasil** estão diretamente relacionados à historicidade da profissão, bem como à sua gênese, esta última referente ao processo de implantação e expansão do capitalismo. Tal relação resultou em um caráter de apostolado advindo da abordagem da questão social, entendida como problema moral e religioso e analisada com base nas perspectivas de valores e comportamentos dos sujeitos. O referencial teórico desse período era orientado pelo pensamento e ação da doutrina social da Igreja, pelo ideário franco-belga e pelo neotomismo (retomada do pensamento São Tomas de Aquino).

- **As principais matrizes teórico-metodológica acerca do conhecimento do social na sociedade burguesa** têm como matriz as mudanças societárias ocorridas na sociedade para atender à necessidade e à ideologia do capitalismo e trouxe para o Serviço Social novas configurações, tanto no conceito profissional, por utilizar como ponto de partida a divisão sociotécnica do trabalho, como nas demandas sociais. Essa reorientação do Serviço Social aconteceu com base no positivismo.

Nesse sentido, tem-se, segundo Yazbek (2009b, p. 5-6), que,

> nem o doutrinarismo, nem o conservadorismo constituem teorias sociais. A doutrina caracteriza-se por ser uma visão de mundo abrangente fundada na fé em dogmas. Constitui-se de um conjunto de princípios e crenças que servem como suporte a um sistema religioso, filosófico, político, entre outros. O conservadorismo como forma de pensamento e experiência prática é resultado de um contramovimento aos avanços da modernidade, e nesse sentido, suas reações são restauradoras e preservadoras, particularmente da ordem capitalista.
> A teoria social, por sua vez, constitui conjunto explicativo totalizante, ontológico e, portanto, organicamente vinculado ao pensamento filosófico acerca do ser social na sociedade burguesa e a seu processo de constituição e de reprodução. A teoria reproduz conceitualmente o real; é, portanto, construção intelectual que proporciona explicações aproximadas da realidade e, assim sendo, supõe uma forma de autoconstituição, um padrão de elaboração: o método. Neste sentido, cada teoria social é um método de abordar o real. O método é, pois, a trajetória teórica, o movimento teórico que se observa na explicação sobre o ser social. É o posicionamento do sujeito que investiga face ao investigado e, desta forma, é "questão da teoria social e não problema particular desta ou daquela 'disciplina'". (Netto, 1984, 14)

O primeiro suporte teórico-metodológico do Serviço Social na perspectiva de modernização foi a matriz positivista em sua perspectiva de manipulação, instrumental e imediata, do ser social. Assim, esse pensamento trouxe, de forma direta, a interpretação da realidade com base na objetividade e nas situações imediatas do cotidiano:

> A profissão assume as inquietações e insatisfações deste momento histórico e direciona seus questionamentos ao Serviço Social tradicional através de um amplo movimento, de um processo de revisão global, em diferentes níveis: teórico, metodológico, operativo e político. Este movimento de renovação que surge no Serviço Social na sociedade latino-americana impõe aos assistentes sociais a necessidade de construção de um novo projeto, comprometido com as demandas das classes subalternas, particularmente expressas em suas mobilizações. É no bojo deste movimento, de questionamentos à profissão, não homogêneos e em conformidade com as realidades de cada país, que a interlocução com o marxismo vai configurar para o Serviço Social latino-americano a apropriação de outra matriz teórica: a teoria social de Marx. Embora esta apropriação se efetive em tortuoso processo. (Yazbek, 2009b, p. 8)

Esse primeiro momento, conforme vimos anteriormente, está contido no início do Movimento de Reconceituação do Serviço Social, que se iniciou na década de 1960 e trouxe ao cenário profissional questionamentos acerca da teoria e da metodologia do Serviço Social inserido nos diversos espaços ocupacionais. Expressas nos Seminários de Araxá, Teresópolis, Sumaré e Alto da Boa Vista, todos elaborados pelo Centro Brasileiro de Cooperação e Intercâmbio de Serviços Sociais (CBCISS), as principais correntes teórico-metodológicas que permearam essa época foram: positivismo/funcionalismo, fenomenologia e materialismo histórico dialético, ou teoria marxista. Assim, temos:

- **Positivismo**: Caracteriza-se por uma perspectiva funcionalista, estrutural, com perspectiva de modernização, mas travestida de uma intensa base conservadora na sua abordagem; trata-se de uma tríade dedicada ao desenvolvimento social e ao enfrentamento da marginalidade e da pobreza com intenção de ajustar os indivíduos à sociedade.
- **Fenomenologia**: Traz a presença da subjetividade nos processos de análises da sociedade. Assim, remete ao sujeito a responsabilidade por seus movimentos de superação e, da mesma forma, relega à secundaridade o protagonismo das determinações sociais. Por essa lógica, a responsabilidade de toda e qualquer mudança ainda reside no sujeito, e, assim, seu sucesso ou fracasso social depende única e exclusivamente dele.
- **Marxismo**: Há a presença do entendimento da sociedade por meio de suas contradições, o que remete à consciência de classe. No que se refere ao Serviço Social, essa teoria faz com que a categoria compreenda sua inserção na sociedade, a luta de classes e o entendimento do homem com base em suas determinações sociais, numa visão de totalidade. Nesse sentido, o homem, visto da perspectiva marxista, só será entendido com base da totalidade, sendo, assim, passível de mudanças, e o trabalho do profissional se dá de forma a contemplar a práxis.

A adesão do Serviço Social à matriz de pensamento marxista, ou à teoria social de Marx, como linha teórico-filosófica da profissão aconteceu a partir da década de 1980. No entanto, essa filiação não foi fácil, pois houve resistência dentro da própria categoria, sobretudo por se tratar de um novo olhar para a realidade, o que, em certa medida, representava algo desconhecido à classe. Essa resistência se fundamenta principalmente na influência positivista e estruturalista, pois o materialismo dialético permite a crítica e a reflexão acerca das determinações sócio-históricas que permeiam a realidade social (logo, também a profissão), sendo totalmente antagônico à corrente positivista.

Assim, como nos apresenta Yazbek (2009b, p. 10),

> é com este referencial, precário em um primeiro momento, do ponto de vista teórico, mas posicionado do ponto de vista sociopolítico, que a profissão questiona sua prática institucional e seus objetivos de adaptação social ao mesmo tempo em que se aproxima dos movimentos sociais. Inicia-se aqui a vertente comprometida com a ruptura.

Essa corrente teórico-metodológica, o materialismo histórico dialético, faz parte do Serviço Social desde um passado anterior ao Movimento de Reconceituação, que a fortaleceu, e continua até a atualidade, mesmo com as transformações societárias que permitiram redefinições, bem como a agregação de autores e pensadores que têm nessa mesma matriz o intuito de desvendar os sentidos das emergências de novos referenciais dessa transição.

Nos anos de 1980, a teoria social de Marx fortaleceu sua interlocução com o Serviço Social, o que permitiu a apreensão do ser social com base em mediações. Cabe destacarmos que essa matriz só ganhou tonicidade na década de 1990, com a implementação do Projeto Ético-Político da Profissão e com a redefinição dos princípios e valores da profissão, amplamente difundidos e publicados em seu Código de Ética.

A reflexão a respeito das relações sociais que enfatizam o papel das mediações, embora admita que essas dinâmicas, em determinadas circunstâncias e instituições, aconteçam de forma imediata, não consideram somente um fato dado, mas a totalidade da sociedade capitalista e a forma como se estabelece sua sociabilidade e as relações entre os diversos atores num cenário em que impera a estratificação e, por conseguinte, a desigualdade.

A mediação permite a análise da organização da sociedade na dinâmica das relações sociais e no cenário de produção e reprodução dessas conexões. Esse referencial, conforme já destacamos, persistiu nos anos 1990 e direcionou as ações do Serviço Social no Brasil, principalmente no que diz respeito à formação profissional, às diretrizes curriculares propostas e implementadas em 1993, ao Código de Ética Profissional e, sobretudo, ao posicionamento da categoria profissional em defesa da classe que vive do trabalho.

No que tange à categoria profissional, a partir dos anos 1990, os seminários, encontros e congressos orientaram seus debates à luz do pensamento social crítico, com base nas discussões empreendidas pelo materialismo histórico dialético, o que resultou no processo de rompimento com as determinações conservadoras e, por consequência, no fortalecimento dos movimentos de luta da categoria profissional. A partir daí, para compreender as temáticas referentes a sociedade, Estado, subjetividades, classes sociais etc., a profissão passou a se utilizar dos estudos de Heller, Gramsci, Lukács, Hobsbawm, entre outros.

Esses novos referenciais teórico-metodológicos e interventivos, fundados no pensamento de Karl Marx, permearam discussões em diferentes fóruns da categoria profissional, organizados tanto por estudantes do Serviço Social (organizados pela Executiva Nacional dos Estudantes de Serviço Social – Enesso) como por profissionais e órgãos que representam a categoria profissional, sobretudo pelo conjunto formado pelo Conselho Federal de Serviço Social (CFESS), Conselhos Regionais de Serviço Social (CRESS) e Associação Brasileira de Ensino e Pesquisa em Serviço Social (ABEPSS). Esse processo objetiva a formação continuada e, assim, tem contribuído substancialmente para a produção intelectual da profissão e, por conseguinte, com o processo de trabalho profissional.

Tal cenário pode ser considerado a concretização do pluralismo da profissão, objeto de reflexões e polêmicas no Serviço Social, dada a visão individualista a respeito do ser humano que permeia a leitura da realidade, ainda produto da herança conservadora da sociedade. Sabe-se que, por outro lado, o pluralismo exige o debate de ideias, o diálogo, elencando os desafios do ecletismo, e uma vigilância ética perseverante e contínua.

Esse debate fundamentou a produção teórica, resultando na produção bibliográfica da categoria, fruto da implementação dos programas de pós-graduação *lato sensu* (especializações) e *stricto sensu* (mestrado e doutorado) em Serviço Social, espaços privilegiados de discussões teórico-metodológicas que permitem o debate amplo, abarcando as ciências sociais e as ciências humanas. São aspectos discutidos nesse contexto sobre o Serviço Social:

- natureza da intervenção;
- procedimentos;
- formação;
- história;
- realidade social, política, econômica e cultural;
- divisão social e técnica do trabalho;
- estado capitalista;
- políticas sociais;
- movimentos sociais;
- poder local;
- direitos sociais;
- cidadania e democracia;
- processo de trabalho;
- realidade institucional.

As discussões sobre esses aspectos permitiram o caminhar no sentido do amadurecimento profissional e do reconhecimento social da profissão e fortaleceram sua interlocução com as ciências sociais, ampliando sua participação em equipes multidisciplinares e interdisciplinares, o que fortaleceu, em consequência, as dimensões investigativa e interventiva do Serviço Social, bem como a imersão da categoria profissional em seu processo de trabalho cotidiano.

Destarte, nos anos de 1980, a demanda por programas de pós-graduação (mestrado e doutorado) por parte de instituições portuguesas e latino-americanas, em especial em países como Chile, Uruguai e Argentina, tiveram como referência o Serviço Social brasileiro e seus programas.

No que diz respeito especificamente ao Brasil, a passagem dos anos 1980 aos anos 1990 é considerada o período em que se estabelece o processo de maturação do Serviço Social, sendo os anos 1980 marcados pela maturação da profissão, e os anos 1990, marcados como a época da ruptura com o conservadorismo.

Um dos fatos a serem destacados como resultado desse processo foi a criação da Lei Orgânica da Assistência Social (Loas) – Lei n. 8.742, de 7 de dezembro de 1993 (Brasil, 1993b), que representou um marco para o Serviço Social, uma vez que fez emergir o entendimento da Assistência Social como direito do cidadão, expresso em lei, bem como a diversificação de demandas, a presença de diretrizes, a descentralização da oferta de serviços e, com destaque, a centralidade da família.

Nesse contexto histórico, podemos destacar a Constituição Federal de 1988 (CF/1988), considerada a Constituição Cidadã, que contribuiu para que o Serviço Social deixasse de ser apenas executor de políticas sociais terminais, passando a fazer parte da gestão e do planejamento dessas políticas. Podemos ainda destacar que, com a CF/1988, foi criado o sistema de seguridade social, abarcando as áreas da saúde, da Assistência Social e da Previdência Social, o que permitiu ampliação de espaços ocupacionais do Serviço Social, seja na execução de seu processo de trabalho em espaços diretamente relacionados a essas áreas, seja em órgãos e instituições cuja intervenção dão aporte a elas.

Enfim, abordar as principais correntes teórico-metodológicas contemporâneas e sua influência na intervenção profissional do assistente social é considerar todo o processo de teorização da profissão. Conforme já anunciado, as correntes teórico-metodológicas que envolveram esse processo foram o positivismo, a fenomenologia e o marxismo, sendo cada uma apropriada de acordo com as possibilidades e as demandas presentes nos diferentes períodos históricos.

Não podemos desconsiderar as transformações societárias que exigiram a mudança das teorias e metodologias presentes no pensamento e na ação do profissional de Serviço Social, entendendo que esse movimento implica o necessário olhar para cada período histórico.

O processo de apropriação do materialismo histórico dialético pela profissão deve ser considerado relevante, uma vez que essa teoria considera a totalidade social e, assim, promove o exercício de entendimento da ideologia que permeia a sociedade do capital e as formas de representação e expressão na realidade cotidiana. Esse contexto mostra ainda a importância da formação continuada, pois, por meio dos programas de pós-graduação, a categoria profissional se fortaleceu para alcançar condições de entender a realidade social com base na teoria crítica, bem como pôde tecer aproximações que ampliaram o olhar da profissão diante das desigualdades sociais produzidas pelo sistema e seus interesses.

> **Questões para reflexão (I)**
>
> 1. **Em que consiste a mediação para o Serviço Social?**
>   **Dica:** Fique atento à abordagem da relação capital *versus* trabalho.
>
> 2. **As principais matrizes teórico-metodológicas que permearam a história da teorização do Serviço Social foram: positivismo, fenomenologia e marxismo. Descreva cada uma delas.**
>   **Dica:** Fique atento aos fundamentos históricos, da abordagem conservadora à abordagem crítica contemporânea.

4.2 Serviço Social e intervenção profissional do assistente social: desafios da contemporaneidade

Para abordarmos as tendências teórico-metodológicas que influenciaram (e influenciam) a intervenção profissional do assistente na contemporaneidade, precisamos analisar conjuntura e estrutura da sociedade em seu processo histórico.

Conforme Yazbek (2009b, p. 16),

> nos marcos da reestruturação dos mecanismos de acumulação do capitalismo globalizado, os anos 80 e 90 foram anos adversos para as políticas sociais e se constituíram em terreno particularmente fértil para o avanço da regressão neoliberal que erodiu as bases dos sistemas de proteção social e redirecionou as intervenções do Estado em relação à questão social. Nestes anos, em que as políticas sociais vêm sendo objeto de um processo de reordenamento, subordinado às políticas de estabilização da economia, em que a opção neoliberal na área social passa pelo apelo à filantropia e à solidariedade da sociedade civil e por programas seletivos e focalizados de combate à pobreza no âmbito do Estado (apesar da Constituição de 1988), novas questões se colocam ao Serviço Social, quer do ponto de vista de sua intervenção, quer do ponto de vista da construção de seu corpo de conhecimentos.

O assistente social hoje fundamenta suas ações na vertente sediada no materialismo histórico dialético, uma vez que ela traz, de início, a necessária análise da realidade com base na totalidade. No entanto, esse processo ainda se constitui em desafio à categoria profissional, uma vez que existem alguns profissionais que, em seu cotidiano de trabalho, não atuam com base nessa perspectiva, seja por não acreditarem na transformação social conforme nos apresenta esse referencial, seja por seu desconhecimento profundo do dinamismo do processo.

Para discutirmos sobre esta temática, é necessário reportarmos alguns aspectos que definem a profissão, quais sejam: o assistente social faz parte da classe trabalhadora e está inserido na divisão social e técnica de trabalho, logo, seu vínculo empregatício, em grande maioria, está atrelado aos serviços públicos e, por consequência, ao terceiro setor, estando uma pequena parcela vinculada a empresas privadas.

Apesar das grandes conquistas alcançadas pela categoria profissional, ainda fazem parte de suas condições de trabalho um panorama de remuneração precária e da presença da ideologia, por parte das empresas contratantes, de que o profissional deve se ocupar em manter a reprodução das relações sociais. Vale destacarmos, nesse contexto, que o Estado tem se colocado de forma cada vez mais distanciada de suas responsabilidades, deixando para a sociedade civil a resolução de seus problemas, sobretudo na perspectiva de solidariedade, voluntariado e benefícios seletivos.

Todo esse contexto influencia na ação cotidiana e nos processos de trabalho do assistente social. Por mais que as Diretrizes Curriculares Nacionais para a Formação em Serviço Social, de 2002, definam o materialismo histórico dialético como a matriz a embasar o caminho do Serviço Social (ABPESS, 2002), ainda há presença de profissionais que resistem a esse direcionamento ou, mesmo, não detém o necessário conhecimento acerca de suas premissas, promovendo, assim, a manutenção de uma atuação profissional na perspectiva conservadora. Destacamos que esse processo se constitui em especial desafio a ser enfrentando pela categoria profissional, amparada pelos seus órgãos de representação.

Nesse sentido, o Serviço Social enfrenta diversos desafios referentes a seu processo cotidiano de trabalho, que está diretamente relacionado à lógica e aos reflexos oriundos do sistema capitalista, que direciona os cidadãos, no espaço contemporâneo, à busca pela implementação e usufruto dos direitos sociais, sobretudo saúde, educação e assistência social. Isso trouxe como demanda para o Serviço Social as mudanças no mundo do trabalho, o processo de desestruturação do sistema de proteção social e da política social. Como resultado desse processo, a questão social é resolvida de forma despolitizada e os fóruns de representação têm de atuar na perspectiva de negociação de interesses entre as classes.

Nesse sentido, cabe salientarmos que o neoliberalismo trouxe, de forma direta, expressivas demandas para o Serviço Social, a destacar:

- programas sociais seletivos e focalizados;
- agravamento da pobreza;
- ideologia da sociedade solidária;
- desregulamentação das leis trabalhistas;
- privatização dos serviços públicos.

O Serviço Social, a partir da década de 1990, passou a empreender ações de entendimento acerca das transformações societárias e das influências no cotidiano de trabalho do assistente social.

Entre as exigências oriundas dessa realidade, o deciframento da questão social e de suas formas de expressão é subsídio indispensável ao processo de trabalho profissional. Constituem-se resultados desse processo:

- crescimento do terceiro setor;
- aumento de instituições filantrópicas;
- organizações da sociedade civil.

Tendo em vista o aumento de instituições não públicas, o Estado oferece algumas diretrizes como modelos a serem seguidos, no entanto, essas instituições têm sua política interna de trabalho, que se inspira na lógica da seletividade (exclusão para inclusão), bem como direcionam um trabalho que, em certa medida, fragmenta-se sob a justificativa de atendimento por segmento, como crianças e adolescente, idosos, adultos, saúde mental etc.

De acordo com Yazbek (2009b, p. 16-17),

> Nessa conjuntura, emergem processos e dinâmicas que trazem para a profissão novas temáticas, novos, e os de sempre, sujeitos sociais e questões como: o desemprego, o trabalho precário, os sem-terra, o trabalho infantil, a moradia nas ruas ou em condições de insalubridade, a violência doméstica, as discriminações por questões de gênero e etnia, as drogas, a expansão da AIDS, as crianças e adolescentes de rua, os doentes mentais, os indivíduos com deficiências, o envelhecimento sem recursos, e outras tantas questões e temáticas relacionadas à pobreza, à subalternidade e à exclusão com suas múltiplas faces.

Conforme podemos observar, essa conjuntura instigou algumas discussões no âmbito da categoria do Serviço Social em virtude do impacto negativo que deriva do acirramento da questão social, bem como de suas expressões.

Nesse sentido, muitos foram os temas emergentes desse processo, sendo possível destacar os seguintes:

- A saúde e a assistência social têm um caráter não contributivo e de acesso universal. A Previdência Social, por sua vez, tem o caráter contributivo, logo, de restrito acesso.

- A assistência social é uma política pública de proteção social, classificada como um direito; é um tema de estudos e pesquisas e presente no espaço sócio-ocupacional do Serviço Social, pois também envolve fóruns políticos, entidades assistenciais e representativas dos usuários dos serviços de assistência.
- A municipalização e a descentralização das políticas sociais trazem a lógica da racionalização dos recursos humanos e sociais, com o objetivo de aproximar a decisões da política aos cidadãos.

Assim, muitos são os temas que permeiam o cotidiano do profissional do Serviço Social e que exigem uma formação embasada em elementos que o capacitem a dar respostas à realidade, bem como a suas demandas cotidianas.

Nesse sentido, o materialismo histórico dialético permite a aproximação à realidade social de forma crítica e, na mesma medida, propositiva, apresentando à categoria a necessária fundamentação teórica, com vistas à proposição de alternativas e ao enfrentamento à ideologia capitalista e aos rebatimentos do neoliberalismo.

Isso pode ser ilustrado no campo da seguridade social, que hoje consiste num dos espaços sócio-ocupacionais que mais oferecem empregabilidade aos assistentes sociais e, por isso, requer capacitação e estudo acerca dessa temática, bem como dos aspectos relacionados à municipalização e à descentralização como formas de gestão. Tais elementos se constituem em formas como o serviço público, representado pelo governo, se organiza para facilitar o acesso da sociedade, bem como reduzir os possíveis gastos e propor intervenção que abarque todas as esferas em uma mesma situação.

A Constituição Cidadã, fruto e conquista da sociedade brasileira no que diz respeito aos direitos sociais, reflete a ampliação dos espaços ocupacionais do assistente social. Assim, a partir dos anos de 1990, houve a criação, a proposição e a implementação de uma série de leis com vistas à organização dos serviços públicos e que repercutiram nos mecanismos de respostas e posicionamentos do profissional de Serviço Social, entre as quais destacamos, a proposição do Código de Ética Profissional do Assistente Social de 1993.

A década de 1990 trouxe significativas mudanças no panorama social de forma ampla. Iniciava-se ainda a globalização e o processo de acirramento do neoliberalismo, cuja ideologia dá ampla liberdade ao mercado para interferir na condução da responsabilidade do Estado, o que resulta na precarização do trabalho e no desmonte dos direitos sociais.

Conforme Yazbek (2009b, p. 18), é fundamental

> assinalar que as transformações societárias que caracterizam esta década vão encontrar um Serviço Social consolidado e maduro na sociedade brasileira, uma profissão com avanços e acúmulos, que, ao longo desta década construiu, com ativa participação da categoria profissional, através de suas entidades representativas, um Projeto Ético-Político Profissional para o Serviço Social brasileiro, que integra valores, escolhas teóricas e interventivas, ideológicas, políticas, éticas, normatizações acerca de direitos e deveres, recursos político-organizativos, processos de debate, investigações e, sobretudo interlocução crítica com o movimento da sociedade na qual a profissão é parte e expressão.

As referidas mudanças requerem da profissão e, consequentemente, de seus profissionais um posicionamento diante das ofensivas do acirramento das relações de mercado, que incidem na materialidade da vida dos cidadãos. Assim, a profissão se posiciona em favor da classe que vive do trabalho e publiciza seus princípios e valores, sob a forma de um projeto profissional, ou Projeto Ético-Político do Serviço Social, orientado por projetos societários da classe trabalhadora; pelo Código de Ética Profissional de 1993; pela Lei n. 8.662, de 7 de junho de 1993 (Brasil, 1993a), que regulamenta a profissão; e pelas diretrizes curriculares de 1996.

Nesse sentido, as questões presentes nos debates da categoria nesse período foram:

- precarização do processo de trabalho da classe que vive do trabalho, logo, da categoria profissional;
- flexibilização das leis trabalhistas e agudização dos processos de luta da classe trabalhadora;
- aumento do trabalho terceirizado e do mercado informal, desguarnecido dos direitos sociais e de seguridade social;
- aumento do desemprego e do subemprego;

- acirramento das formações por competências, poliespecializações e individualismo nas relações de trabalho;
- refração dos movimentos sociais reivindicatórios.

Enfim, as características da teoria pós-moderna são produtos historicamente construídos e relacionam-se com o modelo de acumulação e flexibilização do capital. Nesse sentido, o Serviço Social vai contra a corrente desse pensamento neoconservador, reafirmando a todo instante a ruptura com esse ideal e apoiando-se em diversos autores, a destacar:

- Anthony Giddens;
- Hannah Arendt;
- Pierre Bourdieu;
- Michel Foucault;
- Juergen Habermas;
- Edgard Morin;
- Boaventura Souza Santos;
- Eric Hobsbawm;
- Edward Palmer Thompson.

Esses autores produziram seus pensamentos e "teorias" pautados na defesa da classe trabalhadora. O grande desafio do Serviço Social na década de 1990 foi consolidar o Projeto Ético-Político Profissional do Assistente Social, de forma a implementar as dimensões teórico-metodológica, ético-política e técnico-operativa, construídas na perspectiva crítica do materialismo histórico dialético e articuladas com as novas teorias que remetem às conquistas da sociedade e também com a luta contra o conservadorismo.

Questões para reflexão (II)

1. **Quais são os princípios norteadores do Projeto Ético-Político do Serviço Social?**
   Dica: Os princípios são indispensáveis à formação do profissional de Serviço Social.

> **2. Quais são as repercurssões do neoconservadorismo para o Serviço Social?**
> **Dica:** Atente-se a essa importante reflexão, uma vez que se faz necessária a leitura crítica da realidade social.

4.3 A relação sujeito-objeto e seus rebatimentos na prática profissional do assistente social

Conforme já apresentamos, o Serviço Social é uma profissão inserida na divisão sociotécnica de trabalho, logo, compõe a classe trabalhadora (ou classe que vive do trabalho) e atua no seio das relações sociais e dos conflitos advindos da relação capital trabalho. Podemos afirmar que a profissão age diretamente vinculada a usuários dos serviços públicos, organizações do terceiro setor, bem como a instituições que reivindicam sua presença ou atendimento a suas demandas.

O objeto de intervenção do assistente social são as expressões da questão social, que podem ser identificadas pela presença de desemprego, subemprego, miséria, pobreza, educação, saúde, moradia, violência, maus-tratos, abandono, conflitos, trabalho, entre outros.

O assistente social realiza suas ações com sujeitos e objetos do Serviço Social com base no Código de Ética Profissional; na Lei n. 8.662/1993, que regulamenta a profissão; na Constituição Federal de 1988; no Estatuto da Criança e do Adolescente – Lei n. 8.069, de 13 de julho de 1990; no Estatuto do Idoso – Lei n. 10.741, de 1º de outubro de 2003; nos Parâmetros para a Atuação do Assistente Social na Saúde, na Política de Assistência Social e na educação; entre outros.

O Serviço Social tem como compromisso profissional atuar com a classe trabalhadora, visto que a categoria faz parte dela e compreende os projetos societários nas perspectivas da liberdade, da equidade, da justiça social e de outros elementos que vão ao encontro do Projeto Ético-Político da profissão.

Abordar sujeito e objeto do Serviço Social é um desafio que traz consigo três aspectos:

1. busca de perspectiva teórica para tratar o problema do sujeito e do objeto;
2. análise de distintos quadros referenciais a respeito desse problema no âmbito do Serviço Social;
3. tentativa de colocar a relação sujeito-objeto na ação social.

Para compreender essa problemática, faz-se necessário compreender relação entre teoria e prática. Nesse sentido, Faleiros (2011, p. 44) afirma:

> A relação entre a ideologia e prática, se situarmos o Serviço Social como uma prática que implantou e se desenvolveu no contexto do sistema capitalista, é necessário relacioná-la permanentemente com a ideologia da classe dominante [...] a presença ideológica consiste justamente na abstração das relações interinvididuais do contexto social.

Com base em Faleiros (2011), entende-se que sujeito é o ator social capaz de estabelecer modificações nas situações apresentadas nas relações sociais, sendo que as situações podem ser entendidas como o meio em que o sujeito vive. Na dimensão investigativa do Serviço Social, o profissional considera o sujeito como produto da circunstância e da educação; nessa hipótese, o homem se torna objeto das circunstâncias e da educação, um objeto para outros homens e, ao mesmo tempo, um objeto para sim mesmo. Assim, desconhece-se seu caráter de sujeito transformador, tornando-o isolado de suas circunstâncias, o que permite o predomínio do objeto sob o sujeito, e o sujeito torna-se objeto.

De acordo com Faleiros (2011, p. 46), o circunstancialismo marcou o Serviço Social:

> Em circunstâncias de fome dá-se comida, em caso de enfermidade remédios, em caso de angústia conselho, em caso de ignorância o saber. Supõe-se que as circunstâncias imediatas determinam ao homem e

se esquece que são os homens que criam as circunstâncias da fome, de enfermidade, de ignorância, nas suas relações sociais.

Isso gerou três perspectivas específicas, em que predomina a visão do Serviço Social:

1. **Perspectiva assistencialista**: Descreve que as primeiras ações do Serviço Social são colocadas no plano da assistência (o que hoje poderia ser chamado de *assistencialismo*) e situam-se numa perspectiva paternalista e assistencialista. Nesse sentido, a assistência é dividida em quatro aspectos:
    I. paliativo, como auxílio;
    II. curativo, para reabilitação;
    III. preventivo, para diminuição de flagelos, problemas e enfermidades no sistema;
    IV. promocional, para integração do homem à sociedade.
2. **Perspectiva sociologista**: Traz em si a realidade social por meio do entendimento de que a sociedade passou a considerar a ajuda institucionalizada como medida, inclusive, de garantir que a força de trabalho não se extinga. Nesse sentido, a sociedade passa a assumir a manutenção do sujeito que vive do trabalho como forma, inclusive, de manutenção do sistema; do contrário, o trabalhador alcançaria uma condição tamanha de exaustão e exploração que sua força de produção poderia fenecer e colocar em risco o lucro – o objetivo primeiro da sociedade capitalista. Nesse processo, as ações oriundas do Estado "protetor" se deparam com as relações globais e as impossibilidades de sustentar tais políticas, o que passou a impor à realidade critérios seletivos de acesso que, em muitas situações, perpassam pelas relações interpessoais. Assim, a perspectiva sociologista tem como características:
    I. funcionamento social;
    II. integração do indivíduo ao meio;
    III. mudança do meio limitado ao âmbito do indivíduo;
    IV. análise da personalidade e da situação.
3. **Perspectiva tecnocrática**: Ideologia que consiste em isolar da história a técnica de seu contexto de produção. No entanto, as técnicas são construções historicamente determinadas, resultado das

relações de produção e do processo de acumulação do capital. A técnica tem como característica a neutralidade, o que faz com que o homem seja seu próprio objeto. A ideologia tecnocrática considera o Estado acima da sociedade e as soluções aos problemas sociais como dependentes de uma racionalidade implícita em planos, projetos e programas.

O Serviço Social considera a relação sujeito-objeto com base em determinado contexto social, que envolve determinações da sociedade, da instituição e da profissão. Considera a historicidade do sujeito, concebendo-o inserido nesse processo de construção e transformação social. Marx, citado por Faleiros (2011, p. 79), afirma que "os homens fazem sua própria história, mas não fazem o livre arbítrio".

Os homens, como sujeitos da história e seus protagonistas, inserem-se no meio das classes sociais e vão criando seus meios de produção, ao mesmo tempo que produzem e reproduzem a si mesmos. É na prática social que se dá a relação sujeito-objeto.

De acordo com Faleiros (2011, p. 44), as práticas sociais

> fazem-se nas condições objetivas e são produto da história, podendo, por sua vez, serem transformadas. Essas práticas não se reduzem à produção de bens materiais, mas compreendem também as superestruturas que, por suas vezes, reagem sobre a própria produção de forma dialética. Assim, pela luta de classes, pela experimentação científica, pela atividade artística, pelo trabalho político, pela forma de conhecimento e reconhecimento social, os homens condicionam-se e integram-se.

Enfim, nesse cenário o homem produz a consciência de si mesmo, o que permite reconhecer ou desconhecer seu mundo, projetando novas transformações e novos conhecimentos. Esse contexto faz parte da transformação social dos sujeitos que fazem parte da classe trabalhadora. É por essa reflexão que o assistente social define estratégias e táticas da transformação social.

Questões para reflexão (III)

1. As classes dominantes controlam ou pretendem controlar a prestação de serviços, sendo essa assistência uma resposta simbólica. Nesse sentido, a assistência é dividida em quatro aspectos. Cite-os.

   Dica: Atente para a finalidade da assistência e às demandas da classe que vive do trabalho e que se constitui na grande demandatária da assistência social nos países em desenvolvimento.

2. Nas palavras de Faleiros (2011), o circunstancialismo marcou o Serviço Social, gerando três perspectivas específicas. Descreva-as.

   Dica: Fique atento às palavras de Vicente de Paula Faleiros ao tratar a profissão e as circunstâncias em que muitas demandas são tratadas na realidade social vigente.

4.4 A natureza investigativa, o significado do conhecimento e a importância da apreensão do conhecimento teórico-crítico para a prática profissional do assistente social

O Serviço Social, como profissão que contém as dimensões investigativa e interventiva, traz em si o compromisso de decifrar a realidade para além do aparente. Assim, a profissão, a partir da década de 1990, apresenta à sociedade seus princípios e valores por meio de seu Projeto Ético-Político Profissional, com vistas a uma formação capaz de se traduzir em real compromisso com a sociedade contemporânea.

Esse perfil profissional exige competência técnica, crítica teórica e compromisso ético e político. Conforme afirma Guerra, citado por Netto (1996, p. 125-126), sobre o perfil do assistente social: "intelectual que, habilitado para operar numa área particular, compreende o sentido social da operação e a significância da área no conjunto da problemática social".

Nesse sentido, para a construção desse perfil é necessário referencial teórico-metodológico e ético-político que permita uma análise crítica da realidade social, com fundamento em um conjunto de valores e princípios sociocêntricos adequados ao acervo técnico instrumental para a construção de estratégias de ação no fazer profissional do Serviço Social (Guerra, 2009).

Nesse contexto, tornam-se bases para formação profissional do Serviço Social os seguintes elementos, de acordo com Guerra (2009):

- dimensões constitutivas que permitam análise da totalidade social envolvida na questão social, de forma crítica e propositiva.
- compreensão da intervenção social do Estado nas expressões da questão social, o seu significado e funcionalidade das ações instrumentais.
- utilização da pesquisa como meio de identificar e construir estratégias que venham a orientar e instrumentalizar a ação profissional.
- reconstrução da crítica.

Nesse mesmo sentido, Guerra (2009, p. 701-702) ainda afirma:

A pesquisa assume, assim, um papel decisivo na conquista de um estatuto acadêmico que possibilita aliar formação com capacitação, condições indispensáveis tanto a uma intervenção profissional qualificada, quanto à ampliação do patrimônio intelectual e bibliográfico da profissão, que vem sendo produzido especialmente, mas não exclusivamente, no âmbito da pós-graduação *stricto sensu*. Apesar da nossa recente tradição em pesquisa e do recorrente viés empirista e epistemologista que a caracteriza, nota-se uma significativa expansão dela nos últimos anos e um também significativo avanço na sua qualidade, a partir da adoção do referencial teórico-metodológico extraído da tradição marxista.

Logo, o significado do trabalho do assistente social no processo de produção e reprodução das relações sociais envolve diversos sujeitos sociais e interesses antagônicos que o demandam, o que exige da profissão fundamentação teórica, posicionamento ético e argumentação política.

A Lei n. 8.662/1993 estabelece que o assistente social utilize a pesquisa como um elemento constitutivo de seu trabalho profissional e como forma de exercer a competência e qualificação.

Assim, de acordo com Guerra (2009), o fazer profissional deve ser empreendido com vistas aos valores e princípios da profissão, de acordo com a Lei n. 8.662/1993, a destacar:

> no cumprimento das atribuições e competências socioprofissionais, há que se realizar permanentemente a pesquisa das condições e relações sob as quais o exercício profissional se realiza, dos objetos de intervenção, das condições e relações de vida, trabalho e resistência dos sujeitos sociais que recebem os serviços. Faz-se necessário não apenas coordenar e executar políticas sociais, projetos e programas, mas também avaliá-los, coordenar pesquisas, realizar vistorias, perícias e laudos, emitir parecer técnico, formar assistentes sociais.

Tendo em vista que o assistente social faz parte da divisão social e técnica do trabalho e atende às diversas expressões da questão social pertinentes a seu trabalho, e assumindo que a questão social requer intervenções, a pesquisa e o conhecimento são meios de contribuir para as mediações que incidem sobre a forma de dar respostas às expressões da questão social.

Assim, a importância da apreensão do conhecimento teórico para a prática profissional do assistente social se deve ao fato de este ser um profissional capacitado para lidar, cotidianamente, com as expressões da questão social e para compreender a totalidade social que envolve Estado, sociedade e capital.

Compreender e dar respostas às expressões da questão social pressupõe atuação sobre a realidade, que deve promover e conduzir ao conhecimento. A intervenção exige conhecimento, habilidade, aporte teórico-metodológico, ético-político e técnico-operativo:

> Como uma mediação privilegiada na relação entre conhecimento e realidade, a pesquisa resulta em um conhecimento sempre provisório, parcial, histórico (relativo a um tempo e espaço sociocultural e historicamente determinado). Por conhecimento, estamos concebendo o processo de elucidação da realidade. (Guerra, 2009, p. 5)

Assim, compreender a realidade cotidiana é imprescindível à atuação profissional do assistente social. Os espaços sócio-ocupacionais têm demandado do profissional um posicionamento crítico da realidade, para além da leitura ingênua ou comum do cotidiano, mas embasado em elementos que possam nortear a ação profissional, com vistas ao alcance de melhores condições de vida em sociedade, cujas premissas se baseiam no usufruto dos direitos.

Esse processo pode ser descrito como um dos grandes desafios da categoria profissional, dadas as contradições oriundas do sistema capitalista e das múltiplas expressões da questão social que tencionam as relações, trazendo novos desafios e requerendo novas estratégias de releitura da realidade social.

Nessa medida, cabe ao profissional, amparado pelos movimentos oriundos da categoria profissional e seus órgãos de representação, empreender ações transformadoras e que, de forma ampla, possam ser traduzidas em usufruto de direitos, de cidadania e de pertencimento e inclusão.

Questões para reflexão (IV)

1. **O Serviço Social busca sistematizar a abordagem entre sujeito e objeto por meio de três aspectos. Cite-os.**

   Dica: Atente para o fato de que a relação entre sujeito e objeto deve articular o sujeito a empreender ações e o objeto a ser conhecido, decifrado. Logo, essa relação apresenta uma articulação e uma inter-relação para que se fortaleça o entendimento da realidade social na qual se articula.

2. **No que diz respeito à relação sujeito-objeto no âmbito do Serviço Social, como podemos descrever a presença do homem?**
Dica: Atente para o fato de que o homem é um ser social e, como tal, vive numa realidade dinâmica e, ao mesmo tempo em que influencia as ações dos sujeitos sociais (individuais), é influenciado pela realidade, composta por uma pluralidade de intenções e projetos em todos os níveis.

Síntese

Neste capítulo apresentamos as diversas matrizes teórico-metodológicas contemporâneas e sua influência na intervenção profissional do assistente social. Expusemos, ainda, as discussões empreendidas no seio da profissão e que problematizam as influências das matrizes do pensamento na intervenção profissional do assistente social na contemporaneidade, ressaltando a discussão ontológica acerca da relação sujeito-objeto.

Trata-se de um importante momento em que a prática profissional, ou processo de trabalho do assistente social, é inserida um panorama revelante para o debate, recorrendo à Lei de Regulamentação da Profissão (Lei n. 8.662/1993). A abordagem da natureza investigativa e o significado do conhecimento, bem como a importância da apreensão do conhecimento teórico-crítico para o processo de trabalho no cotidiano do profissional de Serviço Social, acrescentam elementos essenciais à construção do entendimento da realidade a ser decifrada pelo assistente social.

O panorama dos anos de 1980 e 1990 traz um ingrediente para a apropriação do Projeto Ético-Político do Profissional de Serviço Social. As transformações societárias e as demandas oriundas do cenário contemporâneo são debatidas como forma de construir e ampliar a visão crítica do profissional em formação. Assim, todos esses elementos se traduzem na possibilidade de ampliação do conhecimento específico em Serviço Social, o que deverá levar o profissional da área a saber se posicionar diante dos diversos desafios a serem descortinados pela profissão e, como não poderia deixar de ser, por seus profissionais.

Para saber mais

BARROCO, M. L. S. **Ética e Serviço Social**: fundamentos ontológicos. 4. ed. São Paulo: Cortez, 2006.

Diante do avanço da ideologia do capitalismo que preconiza o individualismo, com o agravamento das expressões da questão social, a autora baseia seu livro no aporte teórico de Marx e Luckás, explicita as bases ontológicas sociais da Ética e analisa a trajetória do Serviço Social.

FALEIROS, V. de P. **Metodologia e ideologia do trabalho social**. 12. ed. São Paulo: Cortez, 2011.

Essa obra apresenta o Movimento de Reconceituação na América Latina e o campo de atuação do Serviço Social. Ela está dividida em oito capítulos: "Contribuição a uma análise crítica do Serviço Social Latino Americano"; "Ideologias do Serviço Social"; "Sujeito e objeto do Serviço Social"; "Positivismo e dialética no trabalho social"; "Sistematização do trabalho social"; "Estratégia para ação; Problemática da conscientização"; e "Reconceituação: ação política e teoria dialética".

Questões para revisão

1. Considerando a discussão empreendida no texto, assinale a alternativa que corresponde a elementos descritos com base na definição da categoria **trabalho**:
    a) Lucro socializado, empreendedorismo, manejo de dólar.
    b) Empregabilidade abundante, terceirização lucrativa, lazer.

c) Lazer, lucro socializado, flexibilidade, remuneração produtiva.
d) Emprego, subemprego, terceirização, flexibilização e desemprego.
e) Lazer, lucro, empreendedorismo, empregabilidade e produção executiva.

2. Considerando as demandas apresentadas ao Serviço Social pelo neoliberalismo, analise as afirmativas a seguir e, depois, assinale a alternativa que apresenta a resposta correta:
   I. São demandas oriundas de programas sociais seletivos e focalizados.
   II. São programas que combatem a pobreza e exterminam a miséria e o pauperismo.
   III. São programas que trazem consigo o processo de privatização dos serviços públicos.
   IV. São programas que qualificam o processo de cidadania e democracia e têm total exequibilidade.
   a) As afirmativas I e II estão corretas.
   b) As afirmativas I e III estão corretas.
   c) As afirmativas II e III estão corretas.
   d) As afirmativas II, III e IV estão corretas.
   e) Todas as afirmativas estão corretas.

3. Assinale a alternativa que corresponda à dimensão investigativa da prática, conforme o texto do capítulo:
   a) Corresponde ao exercício limitado do processo de trabalho cotidiano do profissional de Serviço Social.
   b) Pode ser definida como o exercício voltado para o atendimento das demandas na esfera pública e, em alguns casos, aplicável ao terceiro setor.
   c) Pode ser definida como uma utopia aplicada com base nos preceitos fenomenológicos e como algo cujo resultado dependerá do sujeito envolvido no processo.
   d) Deve ser entendida com base nos modelos pragmáticos da ação profissional do assistente social inserido nas esferas privadas e que tem em sua operacionalização a capacitação de pessoal.

e) O exercício profissional, com base na dimensão investigativa da ação profissional, adquire *status* de competência e, assim, o conhecimento apreendido com base no materialismo histórico dialético possibilita a intervenção precedida de um processo de investigação fidedigno à realidade social.

4. Com base na Lei n. 8.662/1993, que regulamenta a profissão e o exercício profissional do assistente social, destaque três atribuições e três competências do profissional de Serviço Social.

5. Conforme os estudos trazidos pelo texto, o assistente social realiza suas ações com os sujeitos e os objetos do Serviço Social com base em sua regulamentação maior. A que regulamentação o texto se refere e quais são seus fundamentos?

Estudo de caso

Caso Cláudia[1]

Cláudia vivia só nas ruas, praticamente sem contato com sua família; não possuía qualquer documento e dormia em uma calçada – às vezes com a companhia de outro morador de rua [...] Olívia contou que Cláudia já foi até atropelada, pois, quando em crise, saía correndo no meio da rua, sem se preocupar com o fluxo de carros na via local. Além disso, por vezes, Cláudia

---

1 O caso relatado encontra-se em: ALBUQUERQUE, C. M. C. **Loucos nas ruas**: um estudo sobre o atendimento à população de rua adulta em sofrimento psíquico na cidade do Recife. 2009. 136 f. Dissertação (Mestrado em Psicologia) – Universidade Federal de Pernambuco, Recife, 2009. p. 74-76.

tinha alguns delírios persecutórios[2] e começou a jogar pedras nos ônibus que passavam na avenida na qual morava, sob a justificativa de acreditar que era o seu ex-marido que estava chegando para buscá-la.

Os irmãos de Cláudia, encontrados pela equipe do Iasc, contam que, após a morte da mãe deles, foram todos morar com a avó, inclusive o pai. Depois do falecimento da avó, uma prima vendeu a casa em que moravam e colocou-os na rua. Daí em diante, cada um seguiu um caminho: Cláudia e Sueli foram trabalhar como empregadas domésticas; Saulo ficou nas ruas; e seu pai foi embora. [...]

Já sem convivência com a família, Cláudia conheceu um rapaz, com quem foi morar ainda no início da relação. Sueli conta que ninguém conhecia direito esse rapaz, mas sabiam que ele era muito violento e que, em uma das três gestações, Cláudia foi agredida fortemente por ele e perdeu seu terceiro filho. A família atribui a esse fato a causa do início do sofrimento mental de Cláudia [...].

Após perder seu terceiro filho, Cláudia foi abandonada pelo marido e seus filhos foram morar com uma tia. Nessa mesma época, ela deu entrada para seu primeiro atendimento em um hospital geral de Recife – o qual é referência em saúde mental na cidade –, em cujo estacionamento morou por alguns meses após receber alta médica. Depois de determinado tempo, que não sabemos ao certo quanto durou, Cláudia foi colocada para fora do hospital e ficou morando em uma calçada próxima, quando se iniciou a vivência de rua propriamente dita. Desde essa época, há aproximadamente quatro anos, Cláudia não tem contato com seu ex-marido nem com seus filhos [...]. Desde então a família não tem mais contato com as crianças.

----

2 Cláudia recebeu do Caps o diagnóstico de esquizofrenia e tal sintoma é comum para este quadro. Segundo o CID-10 – número F20 –, "os transtornos esquizofrênicos se caracterizam em geral por distorções fundamentais e características do pensamento e da percepção, e por afetos inapropriados ou embotados [...]", o que justifica a forte presença de delírios nas pessoas acometidas por estes transtornos.

Já vivendo na rua, Cláudia frequentava o hospital com livre acesso: tomava banho nas dependências do hospital, ganhava comida de alguns funcionários, recebia medicação para dores de dente e de ouvido – que eram recorrentes – e até era medicada de urgência quando estava em crise psiquiátrica. Porém, em uma de suas crises, Cláudia jogou pedras no carro de um dos diretores do hospital e, a partir de então, começaram a controlar a entrada da usuária na instituição, restringindo seu acesso ao hospital apenas às necessidades de saúde, sem permitir mais que ela fizesse do hospital a sua moradia ou ponto de apoio para a vida na rua. Apesar do vínculo que Cláudia havia estabelecido com os profissionais do referido hospital, a direção a expulsou das dependências da instituição, sem ao menos procurar qualquer serviço que pudesse acolhê-la, mandando-a para rua, mesmo sabendo do seu estado de sofrimento psíquico.

Considerando o caso apresentado, aponte:
a. Os elementos que o assistente social deve analisar para construir o diagnóstico social.
b. Um plano emergencial para resolver a situação de rua da usuária Cláudia.
c. Um plano de médio e longo prazo, considerando os direitos da usuária e a responsabilidade do Estado.

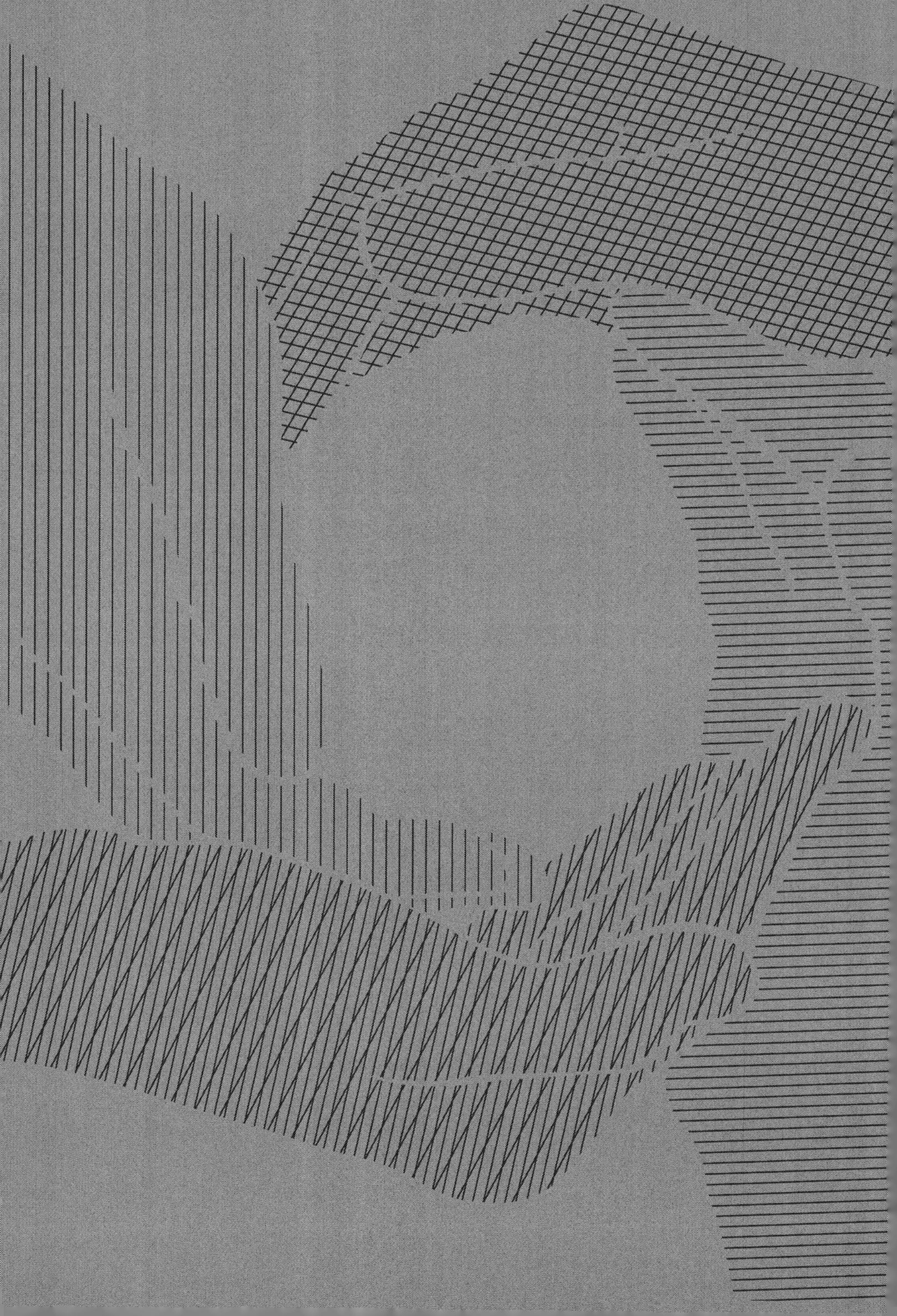

Para concluir...

Neste livro, apresentamos o significado da profissão de assistente social, bem como de seus compromissos, princípios e valores, os quais estão diretamente relacionados às causas da classe trabalhadora.

O Serviço Social como profissão, no Brasil, nasceu com princípios de cunho religioso e, assim, teve sua trajetória marcada por determinações advindas das diretrizes do ideário da Igreja Católica. Essa marca condiciona a profissão a uma série de tensões que só foram dirimidas a partir dos anos de 1990, com o advento do Projeto Ético-Político do Profisssional de Serviço Social.

Nesse processo, a profissão aderiu às causas da classe trabalhadora. As matrizes teórico-filosóficas utilizadas pela atividade no decorrer do seu processo histórico deixaram profundas marcas em sua trajetória – o que foi debatido no chamado *Movimento de Reconceituação*, no decorrer das décadas de 1960 e 1970 – e consubstanciaram em ruptura na década de 1990, precisamente em 1993, com a publicação do Código de Ética do Assistente Social e do Projeto Ético-Político da Profissão.

Notadamente, o Serviço Social vem desbravando novos rumos desde o período da ditadura militar até os desafios impostos na atualidade. Assim, ao se colocar como profissão de defesa da classe que vive do trabalho, o Serviço Social traz a público seus compromissos e valores notadamente marcados por liberdade, equidade, justiça social, direitos humanos, pluralismo etc. Logo, trata-se de uma profissão amplamente comprometida com uma sociedade livre de toda e qualquer forma de opressão e desigualdade.

Referências

ABPESS – Associação Brasileira de Pesquisa e Ensino em Serviço Social. **Diretrizes gerais para o curso de Serviço Social**. Rio de Janeiro, 1996. Disponível em: <www.cressrs.org.br/docs/Lei_de_Diretrizes_Curriculares.pdf>. Acesso em: 14 abr. 2017.

_____. **Diretrizes Curriculares para os Cursos de Serviço Social**. Resolução n. 15, de 13 de março de 2002. Disponível em: <http://www.abepss.org.br/arquivos/textos/documento_201603311141012990370.pdf>. Acesso em: 14 abr. 2017.

AGUIAR, A. G. de. **Serviço Social e Filosofia**: das origens a Araxá. 5. ed. São Paulo: Cortez, 1995.

ALENCAR, M. T. As políticas de emprego e renda no Brasil: do "nacional-desenvolvimento" ao "nacional-empreendedorismo". In: BEHRING, E. R.; ALMEIDA, M. H. T. de (Org.). **Trabalho e Seguridade Social**: percursos e dilemas. Rio de Janeiro: Ed. da UERJ; São Paulo: Cortez, 2008. p. 117-138.

ALVES, M. O. **Políticas** públicas de qualificação e a efetividade da valorização do trabalho humano. 109 f. Dissertação (Mestrado em Direito) – Universidade de Marília, Marília, 2010.

ANTUNES, R. As formas contemporâneas de trabalho e a desconstrução dos direitos sociais. In: SILVA, M. O. da S.; YAZBEK, M. C. (Org.). **Políticas públicas de trabalho e renda no Brasil contemporâneo**. São Paulo: Cortez, 2006. p. 41-51.

_____. Crise capitalista contemporânea e as transformações no mundo trabalho. In: CFESS – Conselho Federal de Serviço Social. **Capacitação em Serviço Social, módulo 1**: intervenção e pesquisa em Serviço Social. Brasília: Cead-Unb, 2001.

ARANHA, M. L. de A.; MARTINS, M. H. P. **Filosofando**: introdução à filosofia. 3. ed. São Paulo: Moderna, 2003.

BARROCO, M. L. S. Ética e Serviço Social: fundamentos ontológicos. 4. ed. São Paulo: Cortez, 2006.

BEHRING, E. R. Trabalho e Seguridade Social: o neoconservadorismo nas políticas sociais. In: BEHRING, E. R.; ALMEIDA, M. H. T. de (Org.). **Trabalho e Seguridade Social**: percursos e dilemas. Rio de Janeiro: Ed. da UERJ; São Paulo: Cortez, 2008. p. 152-174.

BEHRING, E. R.; BOSCHETTI, I. **Política Social**: fundamentos e história. São Paulo: Cortez, 2006.

BÓGUS, L.; YAZBEK, M. C.; BELFIORE-WANDERLEY, M. (Org.). **Desigualdade e a questão social**. 2. ed. rev. ampl. São Paulo: Educ, 2007.

BOSCHETTI, I. Seguridade Social e projeto ético-político do Serviço Social. **Revista Serviço Social e Sociedade**, v. 25, 2004.

BRASIL. Constituição (1988). **Diário Oficial da União**, Brasília, DF, 5 out. 1988. Disponível em: <http://www.planalto.gov.br/ccivil_03/constituicao/constituicao.htm>. Aceso em: 14 abr. 2017.

BRASIL. Lei n. 8.662, de 7 de junho de 1993. **Diário Oficial da União**, Brasília, DF, 8 jun. 1993a. Disponível em: <http://www.planalto.gov.br/ccivil_03/leis/L8662.htm>. Acesso em: 14 abr. 2017.

BRASIL. Lei n. 8.742, de 7 de Dezembro de 1993. **Diário Oficial da União**, Brasília, DF, 8 dez. 1993b. Disponível em: <http://www.planalto.gov.br/ccivil_03/leis/L8742compilado.htm>. Acesso em: 14 abr. 2017.

CADERNOS ABESS. **Ensino em Serviço Social**: pluralismo e formação profissional. São Paulo: Cortez, n. 4, 1991. Disponível em: <http://www.abepss.org.br/revista-temporalis/edicoes-anteriores/ensino-em-servico-social-pluralismo-e-formacao-profissional-cadernos-abess-n-04-cortez-sao-paulo-1995-9>. Acesso em: 13 abr. 2017.

CALDAS, A. **Dicionário contemporâneo da língua portuguesa**. Rio de Janeiro: Delta, 1958.

CAPALBO, C. Fenomenologia: tendências históricas e atuais. Cadernos ABESS. **Ensino em Serviço Social**: pluralismo e formação profissional. São Paulo: Cortez, n. 4, p. 23-36, 1991. Disponível em: <http://www.abepss.org.br/arquivos/anexos/fenomenologia-tendencias-historicas-e-atuais-creuza-capalbo-201609020229015894870.pdf>. Acesso em: 13 abr. 2017.

CARDOSO, F. G. As Novas Diretrizes Curriculares para a Formação Profissional do Assistente Social: principais polêmicas e desafios. **Temporalis: Revista da ABEPSS**, Brasília, ano 1, n. 2, p. 7-17, jun./dez. 2000. Disponível em: <http://www.abepss.org.br/arquivos/anexos/franci-201608200457242880750.pdf>. Acesso em: 13 abr. 2017.

CASTEL, R. As transformações da questão social. In: BÓGUS, L.; YAZBEK, M. C.; BELFIORE-WANDERLEY, M. (Org.). **Desigualdade e a questão social**. 2. ed. São Paulo: Educ, 2007.

CBCISS – Centro Brasileiro de Cooperação e Intercâmbio de Serviços Sociais (Org.). **Teorização do Serviço Social**: documento do Alto da Boa Vista. Rio de Janeiro: Agir, 1988.

CFESS – Conselho Federal de Serviço Social. **Atribuições Privativas do/a Assistente Social**: em questão. Brasília: CFESS, 2012. Disponível em: <http://www.cfess.org.br/arquivos/atribuicoes2012-completo.pdf>. Acesso em: 27 jun. 2016.

_____. **Capacitação em Serviço Social, módulo 1**: intervenção e pesquisa em Serviço Social. Brasília: Cead-Unb, 2001.

CFESS – Conselho Federal de Serviço Social. **Código de ética do/a Assistente Social**: Lei n. 8.662/93 de regulamentação da profissão. 9. ed. ver. e atual. Brasília: CFESS, 2011. Disponível em: <http://www.abepss.org.br/arquivos/textos/documento_201603311141012990370.pdf>. Acesso em: 14 abr. 2017.

COMISSÃO DE ESPECIALISTAS DE ENSINO EM SERVIÇO SOCIAL. **Diretrizes curriculares para o curso de Serviço Social**. Brasília, 1999. Disponível em: <www.cfess.org.br/arquivos/legislacao_diretrizes.pdf>. Acesso em: 18 out. 2016.

COUTO, B. R.; MARTINELLI, T. O Serviço Social e o Sistema Único de Assistência Social (Suas): desafios éticos ao trabalho profissional. **Argumentum: Revista Eletrônica Vinculada ao Programa de Pós-Graduação em Política Social da UFES**, Vitória, v. 1, n. 1, p. 92-105, jul./dez. 2009. Disponível em: <http://periodicos.ufes.br/argumentum/article/view/15/17>. Acesso em: 13 abr. 2017.

FALEIROS, V. de P. **Metodologia e ideologia do trabalho social**. 12. ed. São Paulo: Cortez, 2011.

_____. Reconceituação do Serviço Social no Brasil: uma questão em movimento? **Serviço Social & Sociedade**, São Paulo, ano XXVI, n. 84, p. 21-36, nov. 2005.

FÁVERO, E. T. **Rompimento dos vínculos do pátrio poder**: condicionantes socioeconômicos e familiares. São Paulo: Veras, 2001.

FERREIRA, A. B. de H. **Novo dicionário Aurélio da língua portuguesa**. 2. ed. Rio de Janeiro: Nova Fronteira, 1986.

GUERRA, Y. A dimensão investigativa no exercício profissional. In: CFESS – Conselho Federal de Serviço Social; ABEPSS – Associação Brasileira de Ensino e Pesquisa em Serviço Social (Org.). **Serviço Social**: direitos sociais e competências profissionais. Brasília: CFESS; ABEPSS, 2009. p. 701-718.

HERRERA, N. A. Serviço Social: objetivos, funções e atividades em uma unidade sanitária. **Saúde Pública**, São Paulo, v. 10, n. 2, jun. 1976. Disponível em: <http://www.scielo.br/scielo.php?script=sci_arttext&pid=S0034-89101976000200007>. Acesso em: 14 abr. 2017.

IAMAMOTO, M. V. **O Serviço Social na contemporaneidade**: trabalho e formação profissional. 3. ed. São Paulo: Cortez, 2000.

_____. Projeto profissional, espaços ocupacionais e trabalho do/a assistente social na atualidade. In: CFESS – Conselho Federal de Serviço Social. **Atribuições Privativas do/a Assistente Social**: em questão. Brasília: CFESS, 2012. p. 33-71. Disponível em: <http://www.cfess.org.br/arquivos/atribuicoes2012-completo.pdf>. Acesso em: 14 abr. 2017.

_____. **Serviço Social em tempo de capital fetiche**: capital financeiro, trabalho e questão social. São Paulo: Cortez, 2005.

_____. _____. 2. ed. São Paulo: Cortez, 2008.

JAPIASSU, H. F. **O mito da neutralidade científica**. Rio de Janeiro: Imago, 1975.

KAHN, A. J. (Org.). **Reformulação do Serviço Social**. Rio de Janeiro: Agir, 1984.

LEGISWEB. **Resolução CFESS nº 273 de 13/03/1993**. Institui o Código de Ética Profissional dos(as) Assistentes Sociais e dá outras providências. Disponível em: <https://www.legisweb.com.br/legislacao/?id=95580>. Acesso em: 14 abr. 2017.

LISBOA, T. K.; PINHEIRO, E. A. A intervenção do Serviço Social junto à questão da violência contra a mulher. **Katálysis**: Revista do Programa de Pós-Graduação em Serviço Social da UFSC, Florianópolis, v. 8, n. 2, p. 199-210, jul./dez. 2005. Disponível em: <https://periodicos.ufsc.br/index.php/katalysis/article/view/6111/5675>. Acesso em: 13 abr. 2017.

MARCOCCIA, R. M. O princípio da subalternidade e a participação popular. **Serviço Social & Sociedade**, São Paulo, ano XXVII, n. 86, p. 90-121, jul. 2006.

MARCONSIN, C.; SANTOS, C. A acumulação capitalista e os direitos do trabalho: contradição histórica que preside a seguridade social. In: BEHRING, E. R.; ALMEIDA, M. H. T. de (Org.). **Trabalho e Seguridade Social**: percursos e dilemas. Rio de Janeiro: Ed. da UERJ; São Paulo: Cortez, 2008. p. 175-192.

MARTINELLI, M. L. Reflexões sobre o Serviço Social e o Projeto Ético-Político Profissional. **Emancipação: Revista da UEPG**, v. 6, n. 1, p. 9-23, 2006. Disponível em: <https://www.google.com.br/url?sa=t&rct=j&q=&esrc=s&source=web&cd=1&cad=rja&uact=8 & ved=0ahUKEwiF1_CkpsHKAhWIKCYKHcLhBhgQFggcMAA &url=http%3A%2F%2Fdialnet.unirioja.es%2Fdescarga%2Farticulo %2F4022679.pdf&usg=AFQjCNGvrJRVHwGGf9fy6cItJ5lVldTPF Q&bvm=bv.112454388,d.eWE>. Acesso em: 13 abr. 2017.

MIOTO, R. C. T.; NOGUEIRA, V. M. R. Política Social e Serviço Social: os desafios da intervenção profissional. **Katálysis:** Revista do Programa de Pós-Graduação em Serviço Social da UFSC, Florianópolis, v. 16, n. especial, p. 61-71, 2013. Disponível em: <https://periodicos.ufsc.br/index.php/katalysis/article/view/S1414-49802013000300005/24860>. Acesso em: 13 abr. 2017.

MONTAÑO, C. Pobreza, "questão social" e seu enfrentamento. **Serviço Social & Sociedade**, São Paulo, n. 110, abr./jun. 2012. Disponível em: <http://www.scielo.br/scielo.php?pid=S0101-66282012000200004&script=sci_arttext>. Acesso em: 13 abr. 2017.

_____. Um projeto para o Serviço Social crítico. **Katálysis: Revista do** Programa de Pós-Graduação em Serviço Social da UFSC, Florianópolis, v. 9, n. 2, p. 141-157, jul./dez. 2006. Disponível em: <http://www.scielo.br/pdf/rk/v9n2/a02v09n2.pdf>. Acesso em: 13 abr. 2017.

MOTA, A. E. et al. (Org.). **Serviço Social e saúde**: formação e trabalho profissional. São Paulo: Cortez, 2007.

NETTO, J. P. A construção do projeto ético-político do Serviço Social. In: MOTA, A. E. et al. (Org.). **Serviço Social e saúde**: formação e trabalho profissional. São Paulo: Cortez, 2007. Disponível em: <http://welbergontran.com.br/cliente/uploads/4c5aafa072bcd8f7ef14160d299f3dde29a66d6e.pdf>. Acesso em: 13 abr. 2017.

_____. **Capitalismo monopolista e Serviço Social**. 4. ed. São Paulo: Cortez, 2005.

_____. **Ditadura e Serviço Social**: uma análise do Serviço Social no Brasil pós-64. São Paulo: Cortez, 1991.

_____. _____. 3. ed. São Paulo: Cortez, 1996.

_____. _____. 6. ed. São Paulo: Cortez, 2003.

NETTO, J. P.; BRAZ, M. **Economia política**: uma introdução crítica. São Paulo: Cortez, 2006. (Coleção Biblioteca Básica de Serviço Social).

NICOLAU, M. C. C. Formação e fazer profissional do assistente social: trabalho e representações sociais. **Serviço Social & Sociedade**, São Paulo, ano XXV, n. 79, p. 82-107, edição especial, 2004.

PEREIRA, P. A. P. **Política social**: temas e questões. São Paulo: Cortez, 2008.

PIRES, S. R. de A. O instrumental técnico na trajetória histórica do Serviço Social pós-Movimento de Reconceituação. **Serviço Social em Revista**: Publicação Semestral do Departamento de Serviço Social da UEL, v. 9, n. 2, jan./jul. 2007. Disponível em: <http://www.uel.br/revistas/ssrevista/c-v9n2_sandra.htm>. Acesso em: 13 abr. 2017.

PNUD – Programa das Nações Unidas para o Desenvolvimento. **Relatório do Desenvolvimento Humano 2014**. Nova Iorque, 2014. Disponível em: <http://www.pnud.org.br/arquivos/RDH2014pt.pdf>. Acesso em: 13 abr. 2017.

RAICHELIS, R. **Esfera Pública e Conselhos de Assistência Social**: caminhos da construção democrática. 4. ed. São Paulo: Cortez, 2007.

_____. Intervenção profissional do assistente social e as condições de trabalho no Suas. **Serviço Social & Sociedade**, São Paulo, ano XXXI, n. 104, out./dez. 2010. Disponível em: <http://www.scielo.br/scielo.php?script=sci_arttext&pid=S0101-66282010000400010&lng=es&nrm=iso&tlng=pt>. Acesso em: 13 abr. 2017.

REVISTA DEBATES SOCIAIS. **Documento de Araxá**. Rio de Janeiro: CBCISS, ano III, edição especial n. 4, maio 1967.

_____. **Documento de Teresópolis**. Rio de Janeiro: CBCISS, suplemento n. 4, nov. 1970.

RODRIGUES, M. L. Prática do Serviço Social: sentido e validade. Rio de Janeiro, out. 2001. In: CONGRESSO BRASILEIRO DE ASSISTENTES SOCIAIS, 10., 2001, Rio de Janeiro. **Anais**... Rio de Janeiro: Uerj, 2001.

SERRA, R. M. S. Alterações no mundo do trabalho e repercussões no mercado profissional do Serviço Social. In: SERRA, R. M. S. (Org.). **Trabalho e reprodução**: enfoques e abordagens. São Paulo: Cortez; Rio de Janeiro: Petres-FSS/Ed. da UERJ, 2001.

SOUZA, S. M. R. de. **Um outro olhar**: filosofia. São Paulo: FTD, 1995.

TORRES, M. M. As múltiplas dimensões presentes no exercício profissional do Assistente Social: intervenção e o trabalho socioeducativo. **Serviço Social em Revista**: Publicação Semestral do Departamento de Serviço Social da UEL, v. 12, n. 1, p. 202-227, jul./dez. 2009. Disponível em: <http://www.uel.br/revistas/ssrevista/pdf/2009/2009_2/85_As%20multiplas%20dimensoes%20presentes%20no%20exercicio%20profissional%20do%20assistente%20social%20artigo%20ultima%20versao_publicar.pdf>. Acesso em: 13 abr. 2017.

TROGO, S. Olhar: uma herança da fenomenologia. **Cadernos ABESS**: Ensino em Serviço Social – pluralismo e formação profissional, São Paulo, n. 4, 1991. Disponível em: <http://www.abepss.org.br/arquivos/anexos/olhar-uma-heranca-da-fenomenologia-sebastiao-trogo-201609020228144905780.pdf>. Acesso em: 13 abr. 2017.

VIEIRA, B. O. **Metodologia do Serviço Social**: contribuição para sua elaboração. 2. ed. Rio de Janeiro: Agir, 1979.

_____. **Serviço Social**: processos e técnicas. Rio de Janeiro: Agir, 1969.

WANDERLEY, E. Enigmas do social. In: BÓGUS, L.; YAZBEK, M. C.; BELFIORE-WANDERLEY, M. (Org.). **Desigualdade e a questão social**. 2. ed. rev. ampl. São Paulo: Educ, 2007.

YAZBEK, M. C. Fundamentos históricos e teórico-metodológicos do Serviço Social. In: CFESS – Conselho Federal de Serviço Social; ABEPSS – Associação Brasileira de Ensino e Pesquisa em Serviço Social (Org.). **Serviço Social**: direitos sociais e competências profissionais. Brasília: CFESS; ABEPSS, 2009a. p. 143-164.

_____. **Os fundamentos do Serviço Social na contemporaneidade**. Brasília, 2009b. Disponível em: <https://docs.google.com/document/d/1g0FSFDFlDSo3pEvtOr6XhHupvOvGP-1g3Ledr4oD8Ic/edit?sort>. Acesso em: 13 abr. 2017.

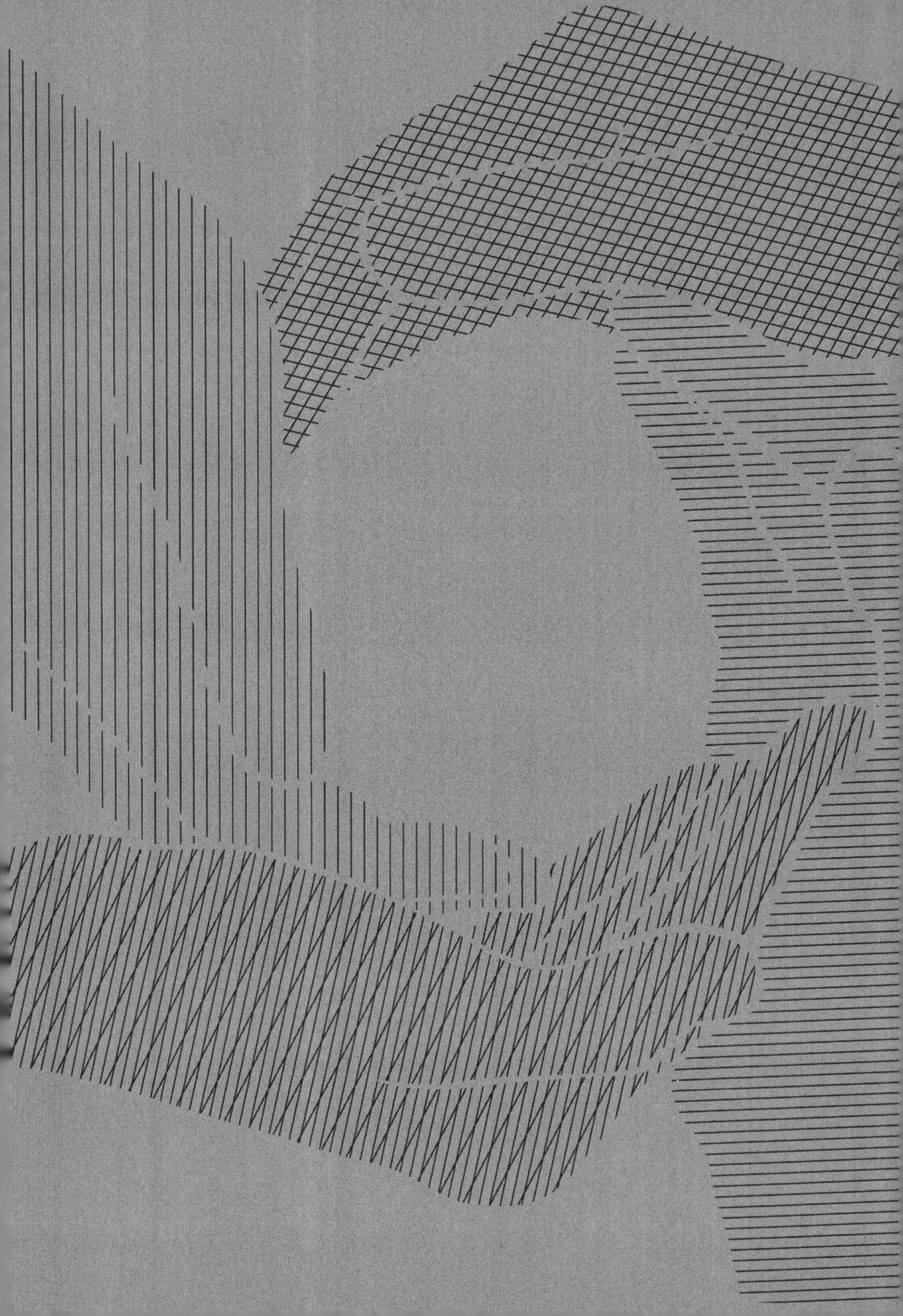

Respostas[1]

Capítulo 1

Questões para reflexão (I)

1. A leitura crítica da realidade pode ser compreendida como um dos principais elementos para a atuação criativa e propositiva do assistente social.
2. Essa resposta é bastante objetiva: o maior desafio é o de decifrar a realidade de forma a compreender as mazelas da questão social.

Questões para reflexão (II)

1. Na ausência de uma crítica às mazelas do capital, buscava-se esconder os problemas sociais resultantes do desenvolvimento capitalista. Em sua gênese, a questão social foi compreendida como algo natural, sem possibilidades de mudança, até mesmo como

---

[1] Todos os autores citados nesta seção se encontram na lista de Referências

falta de caráter daqueles que viviam na situação de pobreza, e que cabia mudar esses indivíduos.
2. Devemos considerar que a questão social é indissociável da vida do trabalhador e que, nessa relação, o Estado tem atuado mais em benefício do mercado do que dos trabalhadores. Verifica-se que a atuação tem sido desvinculada de uma leitura crítica da realidade social. Em sua relação como mediador dos interesses contraditórios entre capital e trabalho, suas ações, por meio das políticas sociais, têm sido focalistas, imediatistas e coercitivas.

Questões para reflexão (III)

1. Consiste na subordinação ao poder das coisas, logo, na subordinação ao desenvolvimento econômico, ou barbárie social. Também se tem a naturalização da desigualdade social, que leva à indiferença ante o destino de homens e mulheres trabalhadores que são abandonados, ou seja, os sobrantes para o capital.
2. O neoliberalismo favorece a abertura das fronteiras, muitas vezes levando à instalação de grandes empresas em outras regiões, até mesmo em outros países, o que acaba por fragilizar ainda mais a organização dos trabalhadores. A determinação da escolha do local de instalação de uma grande empresa pode estar associada às vantagens disponíveis para se produzir a custos mais baixos; logo, a instalação de uma empresa em dada região ou país pode ser determinada pela oferta de mão de obra, bem como pela isenção de impostos, por concessões e benefícios diretos ofertados pelo Poder Executivo, a destacar a prevalência da escolha pelo menor valor do piso salarial do trabalhador.

Questões para reflexão (IV)

1. **População flutuante**: Constituída pelos trabalhadores que trabalham temporariamente, aqueles que não podem contar com a segurança da empregabilidade.
População latente: Constituída por aqueles que antes viviam nas zonas rurais e que acabaram por migrar para a zona urbana em busca de trabalho.

População estagnada: Constituída por aqueles que jamais tiveram um emprego fixo e que passam de uma ocupação para outra, sem planejamento, apenas pela necessidade de sobrevivência.

2. A ausência vai além da material: é uma condição em que as pessoas, não compreendendo seus direitos e não promovendo nenhuma crítica social, percebem o direito transformado em favor, o que causa uma consequente dependência de determinados segmentos da sociedade, que, no limite, estão destituídos do usufruto de seus direitos sociais.

Questões para revisão
1. b
2. e
3. a
4. A questão social pode ser entendida como expressão das desigualdades sociais advindas do processo capitalista na sociedade, indissociável da participação do Estado. Trata-se de uma relação de desequilíbrio estabelecido na raiz do próprio sistema capitalista, em que o lucro, a exploração e a desigualdade se estabelecem como matrizes de sua própria sustentação, o que gera, de imediato, expressões e expansões de desproporcionalidades, refletidas, por exemplo, pelo analfabetismo, pela miséria, pela fome e pela violência, entre outros fatores. Segundo o texto, a expressão *questão social* foi criada no século XIX, na Europa Ocidental, inicialmente para designar o pauperismo latente no período que marcou a organização do capitalismo industrial. Para Netto (2005), a pobreza sempre existiu; no entanto, com a aglomeração das pessoas nos centros urbanos, ela se tornou mais visível. Com o desenvolvimento urbano, as pessoas, em razão do trabalho nas indústrias, passaram a conviver mais proximamente umas das outras, diferentemente das condições de produção e de trabalho no feudo. O surgimento da questão social é indissociável da sociedade capitalista; assim, para compreender a dimensão histórica de sua origem, é preciso que também o profissional de Serviço Social entenda que ela está relacionada às desigualdades sociais produzidas pela sociedade capitalista e que o avanço desse sistema está condicionado ao estágio monopolista do capitalismo e sua forma voraz de obtenção de lucro a todo custo, que alija, assim, a classe trabalhadora

à exclusão e potencializa os reflexos da questão social. A questão social incorpora também as possibilidades de rebeldia, ou seja, as vivências cotidianas das pessoas, podendo, também, motivá-las a se colocarem de forma contrária à dominação constituída por esse sistema pautado, por natureza, na desigualdade.

5. Com o fenômeno da mundialização e da financeirização da economia, surgem novas expressões ou configurações da questão social, as quais podem ser descritas na abordagem de suas repercussões:
    1. perspectiva do descartável e indiferença perante o outro;
    2. banalização do humano (a subordinação ao poder das coisas);
    3. subordinação ao desenvolvimento econômico, ou barbárie social;
    4. naturalização da desigualdade social, levando à indiferença ante o destino de homens e mulheres trabalhadores que são abandonados (os sobrantes para o capital).

Capítulo 2

Questões para reflexão (I)
1. Associação Latino-Americana de Escolas de Trabalho Social (Alaets) e Centro de Estudos Latino-Americano de Trabalho Social (Celats).
2. Movimento sanitário, reforma sanitária e movimento antimanicomial.

Questões para reflexão (II)
1. Componentes universais do Serviço Social:
    - O Serviço Social é uma disciplina ou instrumento de intervenção na realidade humano social, com objetivos específicos, funções a vários níveis e metodologia própria.

    Metas do Serviço Social
    - Identificar e tratar problemas e distorções que impedem indivíduos e famílias de alcançar padrões econômicos compatíveis com a dignidade humana.

- Colher elementos e elaborar dados referentes a problemas e assim propor reformas nas estruturas e ajudar grupos e comunidades para essas reformas.
- Criar condições à participação do indivíduo, de grupos, da comunidade e das populações.
- Implantar e dinamizar sistemas e equipamentos que alcancem o objetivo da profissão.

2. Postulado da dignidade da pessoa humana: Compreende o ser humano numa posição de eminência ontológica na ordem universal e a qual todas as coisas devem estar referidas.

Postulado da sociabilidade essencial da pessoa humana: É o reconhecimento da dimensão social intrínseca à natureza humana.

Postulado da perfectibilidade humana: Compreende que o ser humano é, na ordem ontológica, aquele que pode verificar sua capacidade de produzir resultados e autorrealização.

Questões para reflexão (III)

1.
- Teoria do diagnóstico e da intervenção em Serviço Social, a intervenção em Serviço Social e o diagnóstico no Serviço Social.
- Diagnóstico e intervenção em nível do planejamento, incluindo situações globais e problemas específicos.
- Diagnóstico e intervenção em nível da administração.
- Diagnóstico e intervenção em nível de prestação de serviços diretos a indivíduos, grupos, comunidades e populações.

2.

1º Levantamento de fenômenos significativos observados na prática do Serviço Social, obviamente partindo das necessidades básicas, quais sejam: biológica, doméstica, residencial e de equipamentos escolares. E, ainda, as necessidades sociais: social, familiar e sexual, vida municipal, vida cívica e vida ética e espiritual.

2º Identificação das variáveis significativas para o Serviço Social nos fenômenos observados.

3º Identificação de funções correspondentes às variáveis inventariadas.

4º Redução das funções, podendo ser descritas como administrativas, de assessoria técnica, assistenciais, conscientizadoras, criação de recursos, de educação de base mobilizadora, de pesquisa de métodos, de necessidade e planejamento, política social socializadora de substituição de padrões e terapêutica.

5º Classificação das funções, com um total de 14 funções divididas por classificação de funções fins, propostas com base nas dimensões educativa, mobilizadora, de educação de base, de substituição de padrões, conscientizadora e, finalmente, socializadora. As funções de meios de perspectiva curativas são descritas mediante as discussões sobre assessoria técnica, de pesquisa, planejamento, administrativa e de política social (CBCISS, 1988).

Questões para reflexão (IV)

1.
- O Serviço Social na perspectiva do método científico de construção e aplicação do Serviço Social.
- Serviço Social com base na abordagem de compreensão e interpretação fenomenológica do estudo científico do Serviço Social.
- Serviço Social mediante a abordagem dialética.

2.
- O Serviço Social e a cientificidade, com uma preocupação direcionada à necessidade de conceituar a cientificidade, considerando-a como uma ideia reguladora, e não um modelo determinado, assim considerou o saber científico uma aquisição de saber, aperfeiçoamento de metodologia e elaboração de uma norma.
- O Serviço Social e a fenomenologia, apresentando os estudos fenomenológicos como ciência do senso comum (do que foi vivido), numa abordagem de reflexão, e não de explicação. Parte-se da premissa de que é necessário compreender o objeto ou o fato a fim de considerar os fenômenos para discernir as escolhas. Para tal, é mister discernir, escolher, selecionar, separar, agrupar. Nesse sentido, cabe acrescentar que o referido ponto de vista não alcançava perspectiva de compreensão da totalidade.
- O Serviço Social e a dialética, o qual considera a dialética a base do diálogo e da discussão, perspectiva do enfrentamento da realidade colocada de forma crítica. Nesse sentido, a realidade

deve ser analisada para, assim, ser decifrada para além dos dados aparentes da realidade, possibilitando da presença da categoria totalidade.

3. Foi a partir desse seminário que o Serviço Social aderiu ao materialismo histórico dialético, bem como aos conceitos acerca da realidade social. Tal aproximação culminou, em certa medida, na proposta e na elaboração do Código de Ética de 1986, além da realização do Congresso da Virada em 1979.

Questões para reflexão (V)

1.
- A criação da *Revista Debates Sociais*, em 1965, o que trouxe uma inovação a então produção da época.
- O 1º Seminário de Teorização do Serviço Social, do qual resultou Documento de Araxá, cujos frutos apresentaram, de forma imediata, a necessidade de novos encontros e diferentes motivações à categoria profissional.
- Organização e elaboração de encontros regionais para discutir sobre o Serviço Social, dando origem a um desejo, no seio da categoria profissional, de se manter atenta às demandas oriundas da realidade, bem como o intuito de promover mudanças.
- Os seminários de Teresópolis, Sumaré e Alto da Boa Vista como novas promoções para reflexões do pensar e do fazer do profissional de Serviço Social e suas demandas cotidianas.
- O Código de Ética e sua implementação na realidade social.

2. Positivismo e fenomenologia.

Questões para reflexão (VI)

1.
- **Projetos societários**: São projetos coletivos que apresentam uma imagem da sociedade a ser construída, que reclamam determinados valores para justificá-la e que privilegiam certos meios (materiais e culturais) para concretizá-la. Os projetos societários convivem em sociedade, sendo fruto da democracia política, mas não necessariamente são solidários ou requerem uma mesma direção política.

※ **Projetos profissionais**: Os projetos societários trazem em si as definições e os contornos das profissões, defendem seus valores e princípios, declaram e tornam públicos seus objetivos.

2. Conselho Federal de Serviço Social (CFESS), Conselhos Regionais de Serviço Social (CRESS), Associação Brasileira de Ensino e Pesquisa em Serviço Social (ABEPSS), Executiva Nacional dos Estudantes de Serviço Social (Enesso), entre outras associações e entidades de representação em nível local dos assistentes sociais.

Questões para revisão

1. c
2. a
3. b
4. O Projeto Ético-Político do Profissional de Serviço Social traduz o compromisso que a categoria profissional estabelece com a sociedade contemporânea, permeada de contradições, derivadas do sistema capitalista, e, nessa medida, requer profissões que possam aderir às causas da classe trabalhadora.

   O Projeto Ético-Político do Profissional de Serviço Social estabelece, sobretudo a partir de 1993, os princípios e valores profissionais vinculados à defesa da liberdade (princípio ético central), da equidade, da justiça social, dos direitos humanos, do pluralismo, do combate às opressões, entre outros.

   O projeto profissional hegemônico, ou Projeto Ético-Político da profissão, está amparado pela Lei de Regulamentação Profissional (Lei n. 8.662/1993).

5. No panorama atual da atuação do assistente social, muitos são os desafios empreendidos, fortemente vinculados à divisão social de classes, o que gera, em consequência, desigualdades sociais abruptas, as quais, no limite, deságuam nos espaços de atendimento da profissão. Nesse sentido, o assistente social tem figurado como o profissional interlocutor das classes desprovidas de pertencimento, e, assim, vivencia períodos em que parte da sociedade não é considerada usufrutuária de direitos, uma vez que não está inserida no setor produtivo. Corrobora a autora que a condição humana vem

sofrendo um processo de fragilização ainda maior a depender de qual segmento pertence na ordem social.

Capítulo 3
Questões para reflexão (I)

1. Os conhecimentos construídos na prática e na formação profissional do assistente social não são antagônicos, pois é necessário que, durante sua formação, o profissional se aproprie de conhecimentos (códigos que expressam ideias) configurados na prática. Logo, a formação e a prática devem estar articuladas. O conhecimento é parte integrante da formação; quanto mais qualificado for o profissional, mais capacitado ele estará para fazer a leitura crítica da realidade, bem como propor estratégias de enfrentamento à questão social. O assistente social deve ter uma formação em que o discurso da prática não esteja distante da teoria, visto que teoria e método são definidos pelas prioridades estabelecidas no jogo das forças presentes nos diversos níveis da totalidade social.

2. O fazer profissional do assistente social deve ser visto como atividade, como parte de determinado processo de trabalho historicamente construído e socialmente determinado, ao longo do qual o profissional assume uma posição teleológica. Utilizando as ideias de Nicolau (2004) para responder à questão, o fazer profissional dos assistentes sociais deve ser visto: considerando historicidade e contextualidade; levando em conta o contexto da origem da profissão; considerando suas diversidades políticas, teóricas, éticas e o debate do saber fazer.

Questões para reflexão (II)

1.
- **Estado liberal**: Tem como fundamentos a crença no mercado, a revalorização do trabalho como base do sistema econômico e da liberdade, a defesa da livre empresa e da iniciativa privada, a defesa do lucro como estímulo e medida e a livre-concorrência.
- **Estado social**: Tem como princípios a igualdade e a justiça social, bem como a distribuição igualitária dos recursos no contexto de uma lógica de economia centralizada.

- **Estado neoliberal:** Tem como princípio a livre concorrência e o Estado enxuto.
2. Está clara a importância e a luta dos assistentes sociais na defesa de uma política social. Entretanto, com o advento neoliberal, é cada dia mais forte a tendência em combater as desigualdades sociais por meio de ações do Estado focalistas e seletivas.

O ideário neoliberal tem depreciado fortemente as políticas sociais e os direitos dos trabalhadores. Nos últimos anos, a política social tem atuado no combate à pobreza e na garantia de mínimos sociais.

Questões para reflexão (III)
1.
- O compromisso para a seguridade social pública, de qualidade e universal.
- O reconhecimento dos avanços dos direitos pela Constituição Federal de 1988.
- A denúncia dos ataques neoliberais aos direitos sociais pela privatização, focalização e omissão do Estado na política da seguridade social.
- A compreensão da seguridade social como processo histórico.
2. Dimensão interventiva, dimensão investigativa e dimensão ética.
3. Na perspectiva socioeducativa, o usuário é visto como protagonista, a ação profissional é construída e reconstruída cotidianamente, na busca constante do conhecimento, na qual o profissional atua utilizando como referência o modo de vida do usuário, em uma relação em que ambos (assistente social e usuário) reconhecem as contradições presentes no espaço organizacional e na realidade social.

Questões para revisão
1. c
2. e
3. a

4.
- ※ Rigor no trato histórico, teórico e metodológico da realidade social para que possa viabilizar o entendimento de forma ampla e consistente.
- ※ Adoção de uma teoria social crítica, que contribua para a apreensão da totalidade social em todas as suas dimensões.
- ※ Exercício do pluralismo na formação e no exercício profissional, possibilitando a diversidade e a pluralidade de pensamentos e escolhas de acordo com o Código de Ética Profissional do Assistente Social.

5. A política social no Serviço Social, com base nas discussões empreendidas no texto, pode ser entendida como espaço de efetivação dos direitos sociais, sobretudo pelas desigualdades estabelecidas pelo sistema capitalista, cuja força propulsora é a desigualdade e a exploração. Nesse sentido, a política social passa a figurar como uma das formas de pertencimento do cidadão, assegurando-lhe o protagonismo necessário à vida em sociedade.

Capítulo 4

Questões para reflexão (I)

1. São as relações sociais, compostas por capital *versus* trabalho, que envolvem o processo de produção e reprodução das relações sociais. Esse cenário é composto pela sociabilidade humana.

2.
- ※ **Positivismo**: Abordagem funcionalista, estrutural, com perspectiva da modernização conservadora. Sua abordagem se concentrava na tríade *desenvolvimento social, enfrentamento da marginalidade* e *pobreza* com intenção de ajustar os indivíduos à sociedade.
- ※ **Fenomenologia**: Metodologia dialógica que se apropria da visão de pessoa e comunidade, considera a subjetividade dos sujeitos e suas vivências e aborda a concepção de pessoa, diálogo e transformação social.
- ※ **Marxismo**: Corrente filosófica que remete à consciência de classe. No que se refere ao Serviço Social, faz com que a categoria compreenda sua inserção na sociedade.

Questões para reflexão (II)
1.
- ※ Projetos Societários da Classe Trabalhadora.
- ※ Código de Ética Profissional de 1993.
- ※ Lei n. 8.662/1993, que regulamenta a profissão.
- ※ Diretrizes Curriculares de 1996.

2. Reflete em várias dimensões, pois a questão social e suas expressões apresentam novas configurações devido ao Estado redefinir os sistemas de proteção social e de política social.

Questões para reflexão (III)
1.
1. Paliativa como auxílio.
2. Curativa para reabilitação.
3. Preventiva, para diminuição de flagelos, problemas e enfermidades no sistema.
4. Promocional, para integração do homem à sociedade.

2.
- ※ **Perspectiva assistencialista**: Descreve que as primeiras ações do Serviço Social são colocadas no plano da assistência (o que hoje poderia ser chamado de *assistencialismo*) e se situam numa perspectiva paternalista e assistencialista. A assistência consiste na prestação de um auxílio financeiro e material para atender a uma problemática imediata, tal como a situação de saúde e demandas apresentadas por um usuário. As classes dominantes controlam ou pretendem controlar a prestação de serviços, sendo que essa assistência é uma resposta simbólica. Nesse sentido, a assistência é dividida em quatro aspectos:
  1. Paliativa como auxílio.
  2. Curativa para reabilitação.
  3. Preventiva, para diminuição de flagelos, problemas e enfermidades no sistema.
  4. Promocional, para integração do homem à sociedade.
- ※ **Perspectiva sociologista**: Traz em si a realidade social por meio do entendimento de que a sociedade passou a considerar a ajuda

institucionalizada como medida, inclusive, de garantir que a força de trabalho não se extinga. Nesse sentido, a sociedade passa a assumir a manutenção do sujeito que vive do trabalho como forma, inclusive, de manutenção do sistema; do contrário, o trabalhador alcançaria uma condição tamanha de exaustão e exploração que sua força de produção poderia fenecer e colocar em risco o lucro – o objetivo primeiro da sociedade capitalista. Nesse processo, as ações oriundas do Estado "protetor" se depara com as relações globais e as impossibilidades de sustentar tais políticas, o que passou a impor à realidade critérios seletivos de acesso que, em muitas situações, perpassam pelas relações interpessoais. A perspectiva sociologista tem como características:
I. funcionamento social;
II. integração do indivíduo ao meio;
III. mudança do meio limitado ao âmbito do indivíduo;
IV. análise da personalidade e da situação.

- **Perspectiva tecnocrática**: Consiste em isolar da história a técnica do seu contexto de produção. No entanto, as técnicas são construções historicamente determinadas, resultado das relações de produção e do processo de acumulação do capital. A técnica tem como característica a neutralidade, o que faz com que o homem seja seu próprio objeto. A ideologia tecnocrática considera o Estado acima da sociedade, e as soluções aos problemas sociais como dependentes de uma racionalidade implícita em planos, projetos e programas.

Questões para reflexão (IV)

1.
   1. Busca de perspectiva teórica para tratar o problema relacionado ao sujeito e ao objeto.
   2. Análise de distintos quadros referenciais a respeito desse problema no âmbito do Serviço Social.
   3. Tentativa de colocar relação sujeito-objeto na ação social.
2. Nesse cenário, o homem produz a consciência de si mesmo, o que lhe permite reconhecer ou desconhecer seu mundo, projetando novas transformações e novos conhecimentos. Esse contexto faz parte da

transformação social dos sujeitos da classe trabalhadora. É nessa reflexão que o assistente social define estratégias e táticas da transformação social.

Questões para revisão

1. d
2. b
3. e
4. Atribuições privativas:
   1. coordenar, elaborar, executar, supervisionar e avaliar estudos, pesquisas, planos, programas e projetos na área de Serviço Social;
   2. assumir, no magistério de Serviço Social, tanto em nível de graduação como de pós-graduação, disciplinas e funções que exijam conhecimentos próprios e adquiridos em curso de formação regular;
   3. elaborar provas, presidir e compor bancas de exames e comissões julgadoras de concursos ou outras formas de seleção para assistentes sociais, ou ainda que sejam aferidos conhecimentos inerentes ao Serviço Social, entre outras demandas contidas na Regulamentação.

   Competências:
   1. elaborar, implementar, executar e avaliar políticas sociais junto a órgãos da Administração Pública, direta ou indireta, empresas, entidades e organizações populares;
   2. elaborar, coordenar, executar e avaliar planos, programas e projetos que sejam do âmbito de atuação do Serviço Social com participação da sociedade civil;
   3. orientar indivíduos e grupos de diferentes segmentos sociais no sentido de identificar recursos e de fazer uso deles no atendimento e na defesa de seus direitos, entre outras contidas na regulamentação.
5. Código de Ética Profissional, Lei n. 8.662/1993 e Constituição Federal de 1988, que conferem a condição do pleno exercício profissional de forma ética e política, articulando a dimensão técnico-operativa, bem como a dimensão teórico-metodológica.

Sobre a autora

Márcia Alves é graduada em Serviço Social (1994) pela Universidade de Marília (Unimar) e mestre em Administração (2000) e Direito (2010) pela mesma instituição. Atua como docente e coordenadora em cursos de graduação e pós-graduação em Serviço Social desde 1995. É docente dos cursos de graduação e pós-graduação em Pedagogia e em Administração na Faculdade de Ensino Superior do Interior Paulista (Faip), em Marília-SP. Atua como secretária/diretora municipal de Assistência Social no município de Timburi (SP) desde 2013.

Impressão:
Abril/2017